AF231533

ESSAI

SUR

LA RÉGÉNERATION

DES FINANCES

ET DU COMMERCE DE FRANCE,

POUR L'AN VI DE LA RÉPUBLIQUE.

Par le citoyen REYS.

« Pour nous, il est impossible que nous ayons jamais
» de règles dans nos finances, parce que nous savons
» toujours que nous ferons quelque chose, et jamais
» ce que nous ferons ». (MONTESQUIEU, *liv. XIII,*
chap. XV, de l'Esprit des Loix).

PROSPECTUS.

*L'ESSAI sur la régénération des finances et du com-
merce de France,* actuellement sous presse, paraît par cahiers détachés, le primidi de chaque décade. Les cahiers se
réunissent à volonté et peuvent se relier en volumes d'en-
viron trente feuilles d'impression, *in-8º. Cicero.*

On peut se procurer les cahiers détachés ou les volumes
séparément au prix de trois sous par feuille d'impression. Ceux
qui desireront souscrire pour un ou plusieurs volumes, paieront en souscrivant trois livres par volume pour Paris, et
quatre livres dix sous franc de port pour les départemens.

Le premier cahier a paru le 11 vendémiaire, le deuxième
le 21, le troisième le 1er. brumaire; chaque primidi, il en
paraîtra un nouveau cahier, et chaque mois, un volume; le
premier a paru le 1er. brumaire an 6e.

Les demandes des départemens ou de Paris, pour les

souscriptions, s'adresseront franc de port, au citoyen Vatar Jouannet, rue Cassette, N°. 913, au bureau de l'imprimerie ; et pour la vente des cahiers détachés, au même endroit ou chez l'auteur, Palais Égalité, gallerie de pierres, côté Valois, N°. 124.

Nota. Dans le cas où les volumes auraient moins de trente feuilles d'impression, le surplus du prix de souscription sera déduit aux souscripteurs sur le volume suivant, ou bien leur sera rendu, en envoyant au bureau de la rue Cassette pour le réclamer. Si au contraire, les volumes ont plus de trente feuilles, les souscripteurs seront priés de faire passer de même l'excédent dans le mois de la livraison, risque léger que l'auteur courra volontiers.

Les Souscripteurs sont priés d'écrire leurs noms en lettres moulées à la main, pour prévenir toute erreur de nom, et d'indiquer bien exactement le bureau de poste qui fait leur service.

Les libraires et marchands de nouveautés de Paris, qui voudront bien se charger de la vente de notre ouvrage, jouiront des remises d'usage, et nous offrons même de plus grands avantages à ceux qui paieront en prenant les volumes ou les cahiers décadaires à nos Bureaux.

P. S. Quoique la nouvelle loi sur le timbre à apposer aux ouvrages périodiques, ne puisse en rien concerner celui-ci, qui est à proprement parler une encyclopédie du commerce et des finances, livrable selon la comodité et l'utilité publiques ; une histoire politique et philosophique du commerce et des finances pendant la révolution française ; un ouvrage consommé enfin et nullement dépendant des périodes futures des tems ; nous avons cru, pour éviter toute fausse interprétation, ne devoir le livrer à l'avenir que par volume, chaque primidi du mois, sur quoi le public doit se tenir averti malgré que les couvertures des premiers cahiers déjà livrés porteraient une autre sousdivision de livraison.

De l'imprimerie de la rue Cassette, N°. 913.

ESSAI

SUR

LA RÉGÉNÉRATION

DES FINANCES

ET DU COMMERCE DE FRANCE,

POUR L'AN VI DE LA RÉPUBLIQUE.

» Pour nous, il est impossible que nous ayons jamais
» de règles dans nos finances, parce que nous savons
» toujours que nous ferons quelque chose, et jamais
» ce que nous ferons. «(MONTESQUIEU, *liv. XIII,*
chap. XV, de L'Esprit Des Loix).

A PARIS,

De l'imprimerie de la rue Cassette, Nº. 913.

AN VI DE LA RÉPUBLIQUE.

» La loi doit pourvoir à la récompense des inven-
» teurs, ou au maintien de la propriété exclu-
» sive de leurs découvertes ou de leurs pro-
» ductions. »

(*Constitution*, art. 357.)

L'intention de l'auteur étant de poursuivre dans toute la France ceux qui contreferaient cet ouvrage, en vertu de l'article constitutionnel ci-dessus, parce qu'il le doit dans une matière de la nature de celle-ci, il a cru que le moyen le plus sûr de n'exposer personne à la tentation, était de signer de sa main chacun des exemplaires qu'il livrera au public. En consé-quence, il invite tous les amis de la probité à lui dénoncer tous les cahiers non signés comme celui-ci au premier feuillet.

INTRODUCTION.

Le jour du 18 fructidor fut celui de l'ordre, comme le jour de la proclamation de la république, fut celui de la liberté. Point de liberté sans ordre ; point d'ordre sans liberté. L'état le plus parfait et le plus productif où puisse atteindre une nation, est celui où ses citoyens peuvent se dire : L'ordre et la liberté sont portés, parmi nous, à un plus haut degré que par-tout ailleurs. Aussi, lorsque, sous le prétexte d'ordre, la liberté légitime souffre ; ou lorsque sous le prétexte de liberté, l'ordre vient à se relâcher, les nations touchent de plus ou moins près à leur décadence, ou même à leur dissolution.

Ce principe posé, le citoyen Reys annonce au public que dans la vue de favoriser l'ordre et la liberté en France par des moyens aussi doux qu'assurés, il écrivit ; le 15 fructidor, au V, aux directeurs de la partie exécutive du gouvernement de France, la lettre qui suit :

A 2

iv

» pouvoir espérer qu'il jouira dans le sein
» du directoire, de quelque recomman-
» dation. «

» Une peine cependant vient se mêler
» au plaisir que j'ai de vous consacrer mes
» travaux ; c'est que j'estime ne pouvoir
» achever le plan que je me suis tracé
» avant six mois et peut - être un an : or
» d'ici à ce terme les maux de la république
» auront pu aller en croissant, au point
» de ne plus trouver d'hommes raison-
» nables et probes à qui parler efficace-
» ment ; enfin de n'avoir plus qu'à pleurer
» sur ma pauvre patrie ! . . . «

» C'est vous dire assez que, placé entre
» ma propre gloire et le salut de mon
» pays, je me déclare pour celui - ci :
» toutes-fois c'est à une condition qu'il
» vous plaira m'accorder, celle de n'être
» connu que de vous, d'après quoi je
» vous préviens que je m'entendrai avec
» le citoyen Lagarde sur les moyens d'as-
» surer l'exécution de ce traité, jusqu'au
» tems où je pourrai en consentir d'avan-
» tage. «

» Mais à quoi servent ici des mots? Il
» faut des choses enfin, et je ne suis point
» habile à annoncer avec emphase de très-
» petits projets. Voici le texte des chapitres
» de l'ouvrage, sur lequel j'ai tâché de
» fonder le salut de la République fran-
» çaise, et la subsistance future de mon
» épouse et de mes enfans :

Chap. Préface dédicatoire.

Ier. Apperçu rapide du plan général.

Analyse générale des matières fondamentales, par lesquelles il faut commencer le plan vaste à exécuter dans
la suite.

Programme originaire et dessein primitif.

Discours à l'appui de ce programme,
préparé par l'auteur pour l'institut
national des sciences et arts de
France.

Ses deux lettres à la seconde classe
de cet institut, adressées au mois
de messidor, an IV de la République.

Sa lettre au Directoire exécutif de
France, à la même époque.

piée et conciliée dans toutes ses parties, avec l'ouvrage actuel en entier,
au moyen de notes de rapports.

» Je dois observer au Directoire que je
» viens seulement de terminer ce matin le
» chapitre intitulé: *conciliation générale*
» *de toutes les factions*; que mes préfaces,
» apperçu rapide, et analyse des matières
» fondamentales, ainsi que quelques cha-
» pitres finis sont à copier, et que le sur-
» plus est encore en brouillons illisibles et
» des plus incorrects, tant par rapport aux
» choses que par rapport aux mots. Ce sont
» des premières idées jetées sur le papier
» pour mémoire, ou plutôt pour servir
» d'introduction en chaque matière à faire
» ou retravailler: mais s'il juge convenable
» de se faire lire un chapitre quelconque
» dans ce qui est plus achevé, il pourra,
» quoique tous les sujets soient liés et in-
» séparables, pressentir du moins si je me
» tirerai de mon entreprise, sans doute
» beaucoup plus au-dessus de mes forces
» que de mon courage et de mon zèle. «

» En attendant, je dois lui dire que ce

» qui est le plus pressant pour la patrie,
» et l'affermissement de la République est
» fait; et que déjà un gouvernement sage
» et discret pourra, je crois, en tirer grand
» parti. De plus je dois déposer dans votre
» sein que mon intention était d'attendre
» la fin et la correction de mon ouvrage,
» déjà volumineux, pour le livrer en dix
» petites parties , à dix imprimeurs pour
» mon compte; que pour le conduire à
» bien, j'ai abandonné , depuis quatorze
» mois, mon commerce et ma fortune,
» (celle-ci très-suffisante pour celui qui,
» comme moi, n'a point d'ambition dé-
» placée), sous la gestion d'une épouse
» chérie, qui allaite un garçon à qui elle
» vient de donner le jour, et qui a plutôt
» un grand zèle que de grands moyens;
» ce qui fait que j'espère, en continuant
» aujourd'hui ce dévouement, que le gou-
» vernement voudra bien se charger de
» m'indemniser des sacrifices que je fais «.

» Salut et respect ».

Signé. Reys.

» Paris, 15 Fructidor, 5eme. année Républicaine ».

D'après cette lettre, l'on voit que l'auteur eût desiré rester quelque tems inconnu; mais aujourd'hui les circonstances, son patriotisme et le silence du Directoire à son égard, lui font un devoir de se faire connaître.

En conséquence, il se propose de copier fidèlement et de publier ce qui est achevé de son ouvrage, par fragmens suivis, livrables chaque décade; en attendant qu'il puisse le donner au public dans son entier, s'il s'apperçoit que la nation et le gouvernement jugent avec indulgence l'auteur et ses intentions.

D'après quoi, il annonce au public que le premier cahier, maintenant sous presse, sera mis en vente le 11 vendémiaire; et que, chaque décade suivante, il paraîtra un nouveau cahier, qui se paiera à raison de trois sols la feuille d'impression.

Ceux qui desireront se procurer les différentes livraisons, s'adresseront chez l'auteur, palais Égalité, galerie de pierres, côté de la rue des Bons Enfans, N°. 124, ou au bureau de l'imprimerie, chez le cit. JOUANNET, rue Cassette, N°. 913.

REYS, Palais Égalité, gallerie de pierres, côté de la rue des Bons Enfans, N°. 124.

N^a. L'auteur prévient qu'étant étranger à toutes les factions, il a dû nécessairement commettre des erreurs d'individualités et d'évènemens ; mais ce n'est point à lui à faire justice des personnes, ni à statuer sur les circonstances ; ce sont les principes qu'il a en vue. D'ailleurs, il est utile de prouver à tous ceux qui s'abandonnent à leur propre raison, pour juger des hommes et des choses, qu'ils sont sujets à s'égarer, et l'auteur croit qu'en commençant cette preuve par lui, il ne peut offenser qui que ce soit.

Quant à sa propre personne, ne prétendant nullement la soustraire à la surveillance des agens légaux du gouvernement ; il déclare se constituer prisonnier chez lui : mais il déclare aussi qu'il n'y recevra, ni visites particulières, ni lettres franches ou non affranchies qui soient étrangères à ses propres affaires, et qu'il ne répondra à aucun article des journaux, parmi lesquels il ne lit que celui du

soir, rédigé par les frères Chaignieau de l
rue de Chartres, bien qu'il en estime plusieu
autres auxquels il demande leur entremise pou
le succès de son projet.

PRÉFACE DÉDICATOIRE.

JE donne aujourd'hui le Programme et les développemens d'un plan de régénération des finances et du commerce de France, dont je conçus l'idée au mois de messidor an IV de la République. Je les avais soumis alors à la seconde classe de l'Institut national des sciences et arts; parce que je savais que le directoire, ainsi que les divers ministres, sont dans l'usage d'adresser à cette même classe de l'Institut ces sortes de Plans, quand ils lui paraissent mériter un examen préalable et un rapport particulier de la part des savans qui la composent; mais n'ayant pu réussir à m'y faire entendre ou lire, malgré que j'aie fait imprimer et distribuer à ses membres 59 exemplaires de mon Programme; je pris le parti de m'adresser moi-même au directoire exécutif, en lui envoyant douze Programmes semblables, et je n'y fus pas plus heureux.

Ces contre-tems, loin de me décourager, m'engagèrent à donner plus d'extension à mes travaux. J'osai entreprendre de fixer les principes généraux des finances et du commerce, entreprise que, selon le témoignage de monsieur Necker, personne n'avait encore tentée jusqu'en l'année 1784, époque à laquelle il donna son livre sur l'administration des finan-

B

ces. Et comment l'aurait-on fait, comment l'aurait-il fait lui-même? Les principes, du moins en matière d'intérêts généraux, ont toujours cédé et cèdent encore devant les intérêts particuliers, les droits ou préjugés des hommes puissans, par-tout où l'on ignore l'égalité: or, depuis quand cette égalité est-elle connue en France?

Cependant une matière aussi neuve, et généralement reconnue si abstraite et monotone, présentait bien des difficultés. Il fallait la varier à l'infini, la simplifier et l'animer pour en rendre la lecture et l'étude supportables; mais sur-tout, pour éviter un reproche équivalent à celui que Phocion fait à Thémistocle, d'avoir, par la force de ses armes, rendu son pays le plus puissant de la Grèce, sans avoir travaillé à le rendre en même tems le plus vertueux. Il ne suffisait pas de chercher à enrichir mon pays, il fallait encore en rendre les citoyens probes et ordonnés, et les forcer à bien user de leurs richesses, en alliant toujours l'ordre et la liberté.

Je me suis donc attaché d'abord à rendre la science des finances et du commerce si simple et si facile à saisir, qu'il pourrait arriver qu'on portât envers moi la reconnaissance jusqu'à me dire: qu'aviez-vous besoin de vous mettre tant en frais pour ne nous dire que des choses ordinaires, des choses que chacun sait?

De plus, j'ai observé à l'égard de tous les intérêts, une sévère équité et impartialité. Pour le reconnaître, il ne faut pas que chacun juge dans sa propre cause, mais dans celle d'autrui, toutes fois sur les seules parties qu'il connaît à fond; alors si chacun dit c'est vrai, c'est juste, que m'importeront la critique et les récriminations? La vérité sera répandue, la justice sera connue, et mon but sera rempli.

Enfin j'ai été plus loin; car il s'agissait, non-seulement de la régénération projettée dans les finances et le commerce, mais encore de l'exposition de toutes les vérités administratives, judiciaires et législatives, civiles, militaires, morales et religieuses qui m'ont paru de nature à pouvoir et devoir même être professées hautement dans l'état où se trouve la France actuellement; vérités, il le faut dire ici franchement, sans la connaissance et publicité desquelles le peuple français doit renoncer à la gloire et à l'avantage de se gouverner lui-même, et conséquemment à une constitution encore inappréciable, mais dont l'essence est de ne laisser rien de caché.

Bref, j'ai acquité, à tous ces égards, ma conscience. Mais que de rôles différens il m'a falu jouer, que de couleurs j'ai dû prendre devant chacun des objets, pour attacher tous les partis à notre bienfaisante constitution, pour parvenir et diriger efficacement vers le but que je me suis proposé! Aussi, qu'on dise de moi que je suis un caméléon, j'y consens, pourvu qu'on attache à ce titre une favorable interprétation; qu'on me traite de pédagogue, j'y consens encore, pourvu qu'on me distingue de ces pédans de chaires chrétiennes ou scholastiques dont le mérite n'est fondé que sur l'ignorance de ceux qui les écoutent. Oui, certes, je suis un pédagogue, mais un pedagogue citoyen qui fait la leçon comme il desire qu'on la lui fasse, c'est-à-dire, sans phrases, sans morgue, et sans autre prétention que celle du bien, parlant à chacun sa langue familière, et s'expliquant sur toutes choses sans vain ménagement.

Cela est si vrai, que si je me fusse cru, j'eusse pris d'abord pour titre de mon ouvrage, ces mots: Le Serpent invulnérable, afin d'exprimer l'homme dans son état de nature, soutenu et fortifié par son état de raison; mais on m'a fait observer qu'il pourrait arriver que la nation voyant de fait en moi un serpent fétiche, ou si l'on veut, la représentation de la vérité même qu'elle ne peut blesser sans manquer à sa religion, me laissât étouffer, comme il arriva à Cénée.

En effet, la figure, ou mieux encore, la fable ancienne, rapporte, à pareille occasion, que Cénis se voyant aimée de Neptune, le pria de la métamorphoser en homme, mais en un homme invulnérable; qu'elle obtint ce qu'elle avait demandé, et fut appellée depuis Cénée; que sous cette nouvelle forme elle combattit contre les Centaures, et que ceux-ci ne pouvant la blesser, l'étouffèrent sous le poids des arbres nombreux qu'ils amoncelèrent sur son corps; que Neptune en ce moment s'étant souvenu de l'avoir aimée, ne voulut pas qu'elle pérît toute entière, et la changea en oiseau.

Pour moi, qui ne fus jamais femme et qui n'eus point en conséquence l'avantage d'être aimée de Neptune comme Cénée, je crois cependant, autant que ma religion me l'inspire, que sans mon amour sincère pour dieu, sans son assistance et la direction qu'il donna successivement à mes travaux et même à mes délassemens, je ne serais point parvenu à rassembler avec ordre autant de matériaux utiles que je l'ai fait depuis que j'ai commencé ce sujet. J'espère donc que si les Centaures de la France parviennent à étouffer mon corps, mes feuilles voleront après moi comme l'oiseau dont Cénée est le patron.

Au surplus, il ne faut pas perdre de vue que j'accouche à quatorze mois de conception;

d'où suit qu'il ne serait pas étonnant que mon enfant se ressentît un peu de la douleur des dents. Mais que personne n'en prenne ombrage ; tel père tel fils, dit - on ; et quoique ce proverbe mérite d'être disputé, je n'en dirai pas moins que je suis de ces hommes qui n'ont jamais rien été depuis la révolution française, qui n'y ont jamais fait de mal réel à qui que ce soit, et qui aimèrent toujours à obliger leur prochain avec discernement ; de ces citoyens, puisqu'il faut le dire, qui ont de tout tems respecté et servi de leurs personnes et de leurs facultés le gouvernement de leur pays, pour peu qu'il se soit maintenu ordonné, juste, et bien intentionné. Ma famille, c'est l'humanité ; l'univers est ma patrie : si donc je cherche aujourd'hui à mettre toutes les ruches en activité, c'est pour en tirer un bon miel ; si je deviens à la fin un agitateur, après avoir constamment combattu cette peste des gouvernemens, ce n'est qu'en prévenant tous les écarts nuisibles ; enfin, voici ma doctrine.

J'ai pensé que les hommes savent le plus souvent beaucoup mieux ce qu'ils desirent que ce qui leur convient, et qu'il importe à la conservation et l'amélioration des sociétés que leurs passions soient réglées et même subordonnées à l'empire de la raison ; que rien n'est plus dangereux dans un état républicain que l'ignorance et les préjugés, que les vains prestiges de l'éloquence et de l'astuce; qu'il faut à un peuple qui se gouverne en république un magasin bien assorti où il puisse, sans de grands frais et sans de grands dérangemens, échanger, sans y être trompé, ses vieux habits contre de meilleurs, après avoir travaillé et économisé raisonnablement; et finalement que le rapport qui lie entr'eux les citoyens et leur gouvernemenent doit être basé sur un échange mutuel des biens que les uns sont à portée d'acquérir et que l'autre tend à conserver. J'ai fait, en conséquence, ce que j'ai pu pour approcher de ce but, et du moins j'espère que mon zèle réveillera celui de tant d'autres citoyens plus instruits, qui pourront mettre la dernière main à une entreprise que je n'ai fait qu'ébaucher.

Maintenant une question reste à éclaircir. Comment se fait-il, me dira-t-on, que votre plan n'ait pas vieilli avec les évènemens, et ne soit pas changé quoique les circonstances ayent changé si souvent depuis lui? C'est, répondrai-je, qu'étant pris dans les principes certains et reconnus de la finance, Colbert, de la nature, Mirabeau père, et de la politique, Phocion, il est invariable comme ceux-ci, et n'a pu subir qu'un changement de mots, lequel doit peu préoccuper. C'est ainsi que dans deux cents ans, comme aujourd'hui, il en faudra toujours revenir à mon plan et aux principes d'ordre public et d'administration qui le suivent, si l'on veut sortir enfin de l'état de langueur, de confusion, d'injustice et de versatilité dans lequel les hommes et leurs loix sont généralement plongés.

Oh! ciel, s'écrieront quelques-uns, vit-on jamais semblable présomption? — Que voulez-vous? Je suis homme; mais du moins je n'expose jamais rien que je ne me sois appuyé, avant ou après, de l'expérience du passé et du présent, et des travaux de ceux qui ont de tout tems le plus honoré leur siècle. Au reste, si j'ai eu le malheur de mettre en avant des maximes fausses, ou de tomber dans quelques erreurs condamnables ou dangereuses, je m'empresserai de tout réparer aussi-tôt que je le saurai.

Que si l'on dit pourtant: quel est cet auteur de fraîche date? Je répondrai: c'est un orfèvre? non pas tout-à-fait un M. Josse qui ne pensait qu'à lui, mais bien un fabriquant d'or et d'argent pour tous les Français qui en ont grand besoin. — Mais enfin, quelles sont ses mœurs, ses lumières? — Hélas! ses sens aussi bien que son esprit le trompent encore assez souvent lui-même; comment pourrait-il garantir qu'ils n'ont pas trompé ou ne tromperont pas les autres , quelle que soit et qu'ait toujours été sa bonne foi ? Quant à ses lumières, après tout , ce n'est point à lui qu'il appartient d'en parler; c'est au public à les juger.

Sera-t-il donc vrai que nous souffrirons un auteur inconnu qui commence ainsi par s'occuper de lui? Eh! pourquoi pas? D'ailleurs , quiconque s'offusque d'entendre un homme parler de soi en sa présence, prouve, par-là, qu'il ne connaît la source de rien. En effet, toutes les idées nous viennent selon les impressions dont nous avons été frappés par recherche ou par occasion. Ainsi tout auteur qui se met lui-même en cause, quand il ne se caresse point, fait remonter beaucoup mieux à la cause des causes qui dérive souvent de son propre caractère ; comme, en revanche, celui qui cherche seulement en lui ce qu'il doit dire à autrui, risque beaucoup de ne donner que des connaissances bien bornées ; car quel homme pourrait, dans son unique fonds, trouver de quoi alimenter celui de toute une société? Il s'agit donc ici d'un citoyen qui se confond, se rappelle et s'oublie toujours selon l'intérêt de l'association ; d'un ouvrage qui tombe des nues comme les biens du ciel auxquels l'on ne fait aucune attention, et dont l'auteur se met peu en peine pour savoir qui en recueillera les fruits.

Quoiqu'il en arrive, c'est à vous principalement, hommes sensés, justes et modérés de toutes les classes et de tous les départemens, que je dédie cette production. Il n'appartient qu'à vous de l'apprécier et la trouver utile. En effet, dieu parle à tous, et vous seuls l'entendez. La nature donne à tous une juste mesure, et vous seuls savez vous y arrêter ! L'union sociale impose à tous le devoir de la charité, et vous seuls le pratiquez. Permettez donc que ce soit à vous seuls aussi que je recommande mon ouvrage, persuadé d'ailleurs que sans votre approbation, ma voix sera toujours la voix dans le desert ; mais je vous recommande sur-tout ma chère patrie, donnez-lui tous vos soins et prêtez-lui votre respectable appui.

ESSAI

SUR

LA RÉGÉNÉRATION

DES FINANCES

ET DU COMMERCE DE FRANCE,

POUR L'AN VI DE LA RÉPUBLIQUE.

APERÇU RAPIDE

DU PLAN GÉNÉRAL.

La désorganisation des finances & du commerce de France, ainsi que les pertes et embarras à cet égard, proviennent particulièrement du désordre introduit dans la comptabilité financière et de l'ignorance des principes éternels qui lient entr'eux et les intérêts de la finance et ceux de la propriété, de l'industrie et du commerce.

Rétablir l'ordre et la stabilité dans la comptabilité, associer le corps de la nation à son cerveau, étendre l'action de celui-ci sur le corps, de manière à ce que ce corps puisse tirer un parti avantageux de tous ses membres ; tel est le plan que j'ai suivi pour réorganiser le corps et l'ame de notre société.

Que si, pour parvenir à cette réorganisation, j'appelle chacun à mettre du sien, l'on conviendra après m'avoir lu et médité que je ne demande rien pour rien, et que je garantis à tous, plus de gains réels et durables que je n'exige de sacrifices.

Nul n'est excepté de contribuer dans mon plan ; ni la nation que l'honneur et la justice enchaînent, ni le gouvernement que la modération et l'ordre peuvent seuls conserver sur pied ; ni les citoyens privés qui ne pourront désormais tirer leur avantage particulier que de l'avantage général : aussi nul plan, je crois, n'aura plus de contradicteurs, plus d'ennemis, car la justice et la vérité ainsi que l'ordre public et la liberté en dérivent de tous côtés : or, combien d'hommes sur la terre voudraient bien qu'on n'y vît pas si clair ?

Le rétablissement des finances et du commerce a été d'abord l'objet de mes travaux ; mais j'eusse regardé leur prospérité même comme une source de corruption et de maux, si je ne l'avais étayée des principes conservateurs de la morale et de la liberté publique.

J'ai donc cru devoir porter le flambeau jusques dans les repaires du crime, et j'ai mis à découvert les faux riches comme les faux vertueux, toutes fois sans avoir eu personne en vue et sans vouloir blesser qui que ce soit en particulier, comme aussi sans donner lieu à aucune réaction vers le passé, ou à des récriminations fort inutiles pour l'avenir et très-dangereuses pour une nation qui veut de bonne foi sa régénération. Voici enfin l'ordre que j'indique.

Chacun déclarera et inscrira dans un inventaire régulier qu'il tiendra chez lui le montant et le net de sa fortune, sur laquelle l'opinion publique seule prononcera entre celles qui sont bien ou mal acquises, sans que le gouvernement ni qui que ce soit puisse poursuivre le déclarant à moins d'infidélité démontrée dans sa déclaration ou de soustraction directe ou indirecte des deniers de la nation.

Après cette opération, le gouvernement exigera des citoyens et ceux-ci du gouvernement un ordre égal de comptabilité journalière, sur lequel le gouvernement établira les demandes qu'il aura à faire aux citoyens relativement aux contributions, et les citoyens vérifieront l'emploi qui sera fait des sommes pour lesquelles ils auront contribué. Les contributions auront pour base une part dans les profits ou revenus des citoyens exactemeut établis et constatés ; et les malheureux, par accident que la prudence humaine ne peut détourner, recevront un dédom-

magement qui sera proportionné à leur contribution, si le sort les eût mieux secondés. Tous
ceux qui vivent du seul travail de leurs mains
ou de leur esprit seront exempts d'impôts directs et
indirects à l'égard des contributions de France et
des objets que produit son sol ; mais ils en seront d'autant plus assujettis aux règles d'ordre
que prescrit le maintien de la république et de
la liberté.

Un commerçant, quelqu'intelligent qu'il soit,
ne peut guères étendre ses affaires et élever sa
fortune, sans recourir à l'usage du crédit : mais
ce crédit, pour n'être pas un fléau public, une
table de jeu ou d'escroquerie, doit être mesuré
essentiellement sur sa fortune réelle et sa moralité, ou enfin sur ses seuls talens s'ils donnent
à des créanciers un gage suffisant, ce qu'il est
important de mettre en évidence et ce qui sera
connu par mon plan. Il en sera de même à l'égard
des gouvernemens, avec cette différence que
ceux-ci ne sont pas institués pour faire des
affaires, mais seulement pour faciliter les peuples
à en faire entr'eux avec sûreté et liberté, avec
ordre et méthode, de manière à ne se pas tromper
mutuellement et à s'entr'aider de leurs facultés
réciproques.

D'où suit que le crédit d'un particulier peut
s'étendre à l'infini dès qu'il ne trompe personne
sur ses facultés, dès que sa conduite privée a

pour base l'honnêteté ; et que le crédit d'un gouvernement au contraire doit être d'autant plus resserré , qu'il a plus de moyens de se soustraire avec impunité à ses engagemens , que le crédit enfin est dans ses mains une arme dangereuse pour la liberté des citoyens. Joseph , le plus grand financier de l'ancien testament, voulant alors , comme les prêtres et financiers d'aujourd'hui , prêter au trône un formidable appui , profite du penchant des peuples d'Egypte à la superstition, et leur prédit sept années d'abondance et sept années de disette sur le conte vague d'une vision qu'avoit eu en rêve le roi Pharaon. Les peuples effrayés travaillent avec force pendant sept ans et font éclore ainsi l'abondance prédite chacun dans leur partie ; mais la crainte des sept années suivantes les engage à porter à Pharaon et à ses délégués les produits de leurs travaux, afin qu'ils les leur garantîssent de toute invasion par la force que leur donnoit l'autorité qui leur étoit confiée. Enfin le terme de la disette prédite étant arrivé, autant parce que les terres avaient été forcées pendant sept ans que parce que la misère dans laquelle les peuples s'étaient réduits volontairement, par la crainte de manquer , les empêchait de faire valoir leurs terres, ils allèrent offrir à Pharaon et à ses délégués des sommes ou des effets considérables pour des productions qu'ils leur avaient vendues presque pour rien sur

le crédit de Pharaon ; et quand celui-ci eut dé-
pouillé ses peuples ainsi, il acheta leur liberté
pour un morceau de pain et s'en servit pour
faire trembler les rois ses voisins et assurer les
armes à la main tous les produits de ses exactions. Voilà l'effet du crédit que les peuples font
à leurs gouvernemens , quand ceux-ci ne sont
pas probes et par-dessus tout surveillés dans leurs
opérations soumises à une exacte comptabilité.

Cependant il est un point incontestable ; c'est
que si une nation laisse à son gouvernement
des biens nationaux en sa disposition , elle lui
ouvre par-là la faculté d'en user pour le plus
grand avantage de la société. Or , un gouvernement qui a des biens peut les vendre , les engager et les convertir contre d'autres biens ter-
ritoriaux , pécuniaires ou moraux , selon les
besoins publics ou les circonstances du moment
où il agit. Qui peut , d'après cela , contester
qu'un gouvernement agit bien, lorque manquant
d'argent pour le soutien du corps social dont
il est l'ame , il préfère consentir des billets et
les hypothèquer sur les biens dont il dispose ,
plutôt que de donner ceux-ci pour rien ? eh !
bien , voilà qu'elle fut l'origine des assignats.

Durant l'administration de M. Necker , et tant
que les assignats n'eurent d'autre objet que de
faciliter la circulation et d'aider le gouvernement dans ses opérations naturelles et régéné-
ratrices ,

ratrices , ils conservèrent une importance proportionnée à l'aisance qu'ils répandaient et à l'utilité de leur création : mais dès que de grands
financiers qui succédèrent à l'ancienne administration , formèrent des projets vastes de spolia-
tions révolutionnaires , sous prétexte de dépos-
session réelle de tous les ennemis de la révolution , alors l'émission des assignats fut regardée
par la nation du même œil qu'un négociant
prudent regarde à la bourse le papier multiplié
de son confrère qui se livre à des opérations
forcées. Ce négociant connaît , il est vrai , la
fortune immense de celui dont on offre de toutes
parts un papier de crédit , mais il sait que l'on
voit facilement la fin des plus grands biens
lorsqu'on en use inconsidérément ; en conséquence , il se tient sur ses gardes par rapport à
son confrère désordonné , refuse son papier ou
ne le prend qu'à condition qu'il subira plus ou
moins de perte selon l'importance visible de son
émission ; il le fait au reste sans se compromettre,
n'agissant que par courtiers ; et voilà ce qu'a fait
la nation envers son gouvernement, par l'entremise de l'agioteur, couvert lui-même par ses courtiers d'escompte, agissant entre les citoyens et le
gouvernement ; et voilà aussi comment le gouvernement a vu la fin de la fortune la plus conséquente qu'ait jamais eu en sa disposition le
gouvernement d'aucune nation. Enfin , ce né-

gociant dont je viens de parler , si riche auparavant, finit par manquer à ses engagemens et ne laisser plus à ses créanciers que des lambeaux ; c'est encore là ce qu'a fait et ce quefera le plus inconséquent en finances de tous les gouvernemens.

Après une pareille sortie contre les gouvernemens qui se sont succédés depuis notre révolution , et même contre le gouvernement actuel , il me sera permis du moins de dire ce que je pense en bien de celui-ci , sans passer pour un lâche flagorneur de l'autorité. C'est bien assez sans doute que mu par ce point de délicatesse , je me soustraye au reproche qu'on pourrait m'adresser de ne le servir ouvertement aujourd'hui que parce qu'il triomphe de ses ennemis ; en me reléguant loin du soleil et m'y tenant dans le plus grand isolement, qu'on me laisse au moins donner à mon ame un libre épanchement.

Je ne vais point m'étendre en une longue admiration sur la manière avec laquelle le directoire vient de déjouer une conspiration d'autant plus dangereuse que le vice était parvenu à se parer du masque de la justice et de la vertu : seulement je ferai remarquer que le sang n'a point coulé et qu'il ne reste parmi les citoyens aucune trace d'animosité légitime des uns contre les autres ; c'est lui, c'est le directoire exécutif qui a tout pris sur lui : tel autrefois Cicéron seul conjura le conjuré Catilina au sein même du sénat, tel aujourd'hui le plus habile triumvirat qu'on ait connu conjura seul les conjurés de la bande Pichegru. Au reste Cicéron, à la sortie de son consulat, fut attaqué pour les formes par le perfide Clodius qui s'était abâtardi dans le dessein d'en perdre mieux son ennemi; jurez, disait celui-ci, que vous n'avez point contre les droits sacrés de la liberté versé le sang illégalement; Je jure, s'écria Cicéron qui reconnut le piège, que j'ai sauvé la république !....... Hélas ! Cicéron n'en fut pas moins victime de la haine secrette des conjurés, et je crains bien qu'à la honte des français notre triumvirat momentané le soit également un jour, quoique la constitution en pareil cas avait créé avec le directoire tout citoyen privé dictateur légitime contre tout attentat à l'auguste liberté politique ; mais j'espère du moins que la perspective des dangers ne saurait altérer la modération et grandeur d'ame de trois hommes qui ont eu la gloire de sauver la révolution des atteintes que voulaient lui porter ses ennemis les plus acharnés.

Au surplus, je dis que tout citoyen privé avait par la constitution le même droit que le directoire exécutif, et peut-être mon ouvrage tend d'un bout à l'autre à le prouver; car il est la conspiration la plus profondément ourdie contre les ennemis de l'humanité, de la république, de la constitution, de l'ordre et de la liberté; par-tout leur sont tendus des piéges que je crois saints ; il faut qu'ils y tombent ou que j'y tombe moi-même. L'on y remarquera, il est vrai, qu'avant de conseiller un acte de violence sacré comme celui qui vient de s'exercer, j'avais tenté auparavant de déjouer les faux talens de la coalition. En effet, rien n'est plus sage qu'un coup de main dont il résulte le salut de la patrie ; mais peut-être il n'est pas moins glorieux d'amener tous les citoyens au même but par la voie de la persuasion, tantôt en gourmandant leurs passions, tantôt en les chatouillant sans leur donner de large ; et c'est ce que j'avais tenté : mais il s'agit ici du directoire et non de moi.

Le directoire, en masse, (car je ne le connais que sous ce rapport avant le 18 fructidor) le directoire, dis-je, a prouvé depuis son installation, qu'il connaît et pratique chaque jour le métier de la sagesse, qui n'est pas sans doute le moindre des métiers, quoiqu'il soit généralement plus connu que pratiqué : mais lorsque je lis dans mon journal du 25 fructidor un fragment où le nouveau directeur Merlin attribue à ce corps la suprême science de la haute finance, en lui disant, dans son discours d'entrée prononcé la veille : « Dans les premiers momens de » votre administration suprême, vous trouvâtes » la république dans l'état le plus alarmant; » ses ressources financières paraissaient totale-

» ment épuisées ; un papier sans valeur repré-
» sentait la fortune publique ; tous les bras de
» l'industrie étaient enchaînés ; tous les canaux
» du commerce obstrués. — C'est dans cet état
» que vous avez pris les rênes de l'autorité, et
» voici ce que nous avons vu : Le commerce a
» repris son activité, l'industrie s'est ranimée,
» la terre a rendu les trésors que la défiance y
» avait enfouis ; l'abondance a constamment ré-
» gné dans nos villes, les arts ont souri aux
» prémices de leur régénération. — Mais tout a
» failli échouer devant les tentatives des conspira-
» teurs que vous venez de foudroyer, » je me crois
forcé de présenter là-dessus quelques réflexions.

Si le directeur Merlin était lui-même financier, comme il est excellent organisateur des
travaux à sa portée, je dirais : Merlin est un
fade courtisan de l'autorité, plus méprisable
encore de parler ainsi, lorsqu'il est appelé lui-
même à la partager. Mais Merlin a pris les effets
pour la cause, ou plutôt il s'est trompé sur celle
des biens médiocres qui sont résultés en finances
des travaux assidus, mais nullement savans et
profonds, du directoire dans cette partie.

Il est vrai que le directoire a obtenu, en finances même, des résultats beaucoup moins malheureux qu'on n'aurait dû s'y attendre, d'après
l'état de délâbrement dans lequel il a trouvé le
trésor public à son avènement à la direction de

la suprême administration ; et je ne doute pas que tant d'embarras multipliés qu'il a dû surmonter successivement, l'ont rendu propre au moins à apprécier un bon plan de finances, s'il lui en était présenté : mais ses principaux succès, dans cette interessante partie, sont moins dus à ses connaissances réelles en finances, qu'à la sagesse, à l'énergie qu'il a montrées dans les autres branches de son administration, dont Merlin parle avec raison, qu'à la bonne contenance de nos armées, à l'intelligence de leurs généraux, enfin à la constitution elle-même, dans laquelle le directoire a trouvé le principe de la sûreté et liberté qu'il a si glorieusement maintenu contre toutes les factions qui en tentèrent successivement le renversement. C'est ainsi que le directoire a produit, dans les finances et le commerce de France, la moitié de la prospérité qu'un état peut attendre ; mais pour produire l'autre moitié, il eût fallu pouvoir allier l'ordre à la liberté ; et certes, ce n'est pas là la partie la plus aisée : aussi le directoire n'y est-il point parvenu ; au reste, l'on n'y parvient facilement que dans les états gouvernés despotiquement, quoi qu'on y soit parvenu aussi quelquefois dans les républiques libres, témoin la Hollande dans les tems de sa haute prospérité, lorsqu'on a réuni à l'esprit de modération qui anime le directoire de France, l'estimable science et la pratique de l'ordre, de

l'économie et des opérations d'état qui sortent
bien mieux des génies profonds et sérieux que de
nos têtes françaises chaudes à la fois et légères.

Quoiqu'il en soit, on ne peut refuser au directoire qu'il fut la source, sinon la cause de
l'espèce de régénération qui est arrivée dans le
commerce et l'industrie depuis son installation;
en ce que ces sortes de progrès sont de nature à
se déterminer d'eux-mêmes, quand on les laisse
libres, dans un pays qui a des ressources comme
celui de la France : mais prenons garde que,
faute de posséder les moyens qui mènent à ouvrir de nouvelles sources, à entretenir et améliorer les anciennes, celles-ci viennent enfin à se
tarir pour jamais.

J'ai dû cet avertissement rigoureux dans l'apperçu de mon ouvrage qui fait suite à son introduction, et je le soutiendrai s'il est nécessaire ; car il importe de démontrer qu'il n'appartient pas à tous d'être ou de devenir jamais
financier, bien qu'on aurait tous les matériaux
nécessaires pour cela, réunis à la bonne volonté.
Un homme d'un très-grand poids a dit qu'il n'y
en eut jamais en Europe que trois, savoir ; le
fidelle Sully, le grand Colbert et le malheureux
Dewitt, en Hollande : aujourd'hui, l'on peut
compter le fameux Pitt parmi les grands travailleurs de finances, mais non encore parmi les
financiers, quoiqu'il possède d'ailleurs la funeste

science de gouverner avec une astuce odieuse, par les mêmes principes que nos directeurs ont adoptés pour le faire avec loyauté.

Enfin j'ai dit, et j'ajoute de plus, du droit que donne la raison éclairée de quelque expérience, que la France est très-proche de sa décadence, soit du côté du commerce et de l'industrie, soit du côté de ses finances, malgré l'éclat enchanteur dont ils ont brillé un instant, selon le directeur Merlin ; qu'il est à craindre même que le gouvernement, avec toute sa sagesse, ne sauve pas son pays de ce danger imminent, tant qu'il aura pour adversaire le voisin Pitt, cet ennemi perfide et habile à se couvrir des dehors de la vertu, de la patience et de la fermeté, quoiqu'il ne soit, après tout, qu'un très-médiocre financier.

- Dans cette crise presque inévitable, faudra-t-il donc que la nation française, cette nation si légitimement honorée par sa glorieuse révolution, se voie précipitée dans l'opprobre et la misère pour n'avoir point su former un corps législatif et un directoire financiers ? ou bien se déterminera-t-elle en masse, pour échapper à ce malheur, à faire au hasard un nouveau changement de personnes à la tête de sa représentation et de la partie exécutive de son gouvernement, quand elle peut se borner à un changement de principes, ou plutôt à en adopter enfin

de fixes en finances, après avoir végété si long-
tems au sein d'une demie prospérité, que lui
procura toujours son heureuse activité, sans
en connaître ni pratiquer aucuns de fondés?

Tout mon ouvrage tend à faire repousser, à
l'égard des personnes, tout projet de changement : la constitution a fixé les principes par
rapport à l'inamovibilité qui tue la liberté ; mais
nous ne devons pas la dépasser sans les plus
grandes raisons, pour ne pas relâcher tous les
ressorts de la responsabilité. D'ailleurs, je déclare
ici, en mon ame et conscience, que si j'avoue
qu'il manque au gouvernement de France des
lumières et de l'ordre en finances, je lui crois,
en revanche, les meilleures intentions et de la
bonne foi, ce qui est suffisant pour moi. Lors
de la réunion de quarante fondations au collége
de Louis-le-Grand, dit aujourd'hui Egalité, l'administration en offrit l'économat au citoyen
Héron, mon ami. Je n'entends rien à l'administration des finances d'une grande maison, ré-
pondit le citoyen Héron : n'importe, lui répli-
pliquèrent les administrateurs, nous voulons un
honnête homme, un homme intelligent et plein
de zèle ; et le citoyen Héron dirigea, pendant
trente ans, son économat, avec tant de succès,
qu'il existe plusieurs arrêtés de l'administration
qui lui enjoignent de former un corps d'ouvrage de ses avis et judicieuses observa-

tions. (1) Or, les circonstances où nous nous trouvons sont les mêmes ; c'est un gouvernement probe qu'il faut à la France, plutôt qu'un gouvernement subtile et à prétentions de lumières et d'esprit. Tenez, Français, les hommes sont plus rares que les paroles ; votre constitution, faite par ceux qui sont encore à votre tête, annonce au moins des hommes d'un sens droit ; les principes feront le reste : attachez vous y , rappelez-les de toutes parts, et observez-les ponctuellement ; vous vous sauverez glorieusement du naufrage affreux auquel vous êtes exposés misérablement.

J'ai cru qu'il était de mon devoir de rassembler en finances tous ceux que j'ai pu découvrir dans les annales de l'expérience ; je vous les soumets, c'est à vous de les juger : mais je vous soumets aussi un plan qui en dérive pour la regénération commerciale et financière , lequel adapté à la base fondamentale de la comptabilité mutuelle entre le gouvernement et les citoyens, chacun dans leur partie ou portion de la grande association, m'a paru propre à remonter toute la machine ouvrière de la société dans chacune de ses parties, nulles exceptées. Ne considérez point d'abord l'étendue de ce projet, et attendez, pour en former un jugement, que

____

(1) Le citoyen Héron , dont il vient d'être parlé, sollicite aujourd'hui d'être admis aux incurables ; après avoir placé soixante mille francs sur l'état , faute de pouvoir gérer à la fois ses propres biens de famille , et les dépenses de la maison à laquelle il tenait.

vous l'ayez examiné et trituré chacun dans les parties qui vous sont étrangères , quoique connues de vous à fond ; sans cela , j'en conviens, je passerai à vos yeux pour un avanturier digne peut-être de mépris ; mais aussi vous-mêmes, vous aurez le regret d'éprouver, trop tard pour y remédier, les effets de votre indifférence ou légèreté : croyez que, sans étude, l'on ne peut rien, et que l'expérience seule met à portée de juger bien.

Je pense d'abord qu'il ne peut rien sortir de grand du sein du corps législatif de France, si ses membres, à l'exemple de ceux du directoire qui ont sauvé la révolution , ne prennent pas une attitude digne de la majesté de leurs fonctions ; non pas cette attitude que leur voulait donner Dumolard, mais celle d'hommes de bien incapables de trahir leur conscience , et de composer avec les factions ; car il ne faut pas que la postérité en puisse dire un jour : Voyez-vous comme ils étaient déjà pétris pour l'esclavage?... Au reste, je n'entends pas non plus parler ici de cette attitude ridicule qu'un certain corps législatif éphémère tint devant Louis XVI , pour faire ouvrir à ses membres les deux battans de porte à leur entrée dans ses appartemens ; non, mais il s'agit de cette attitude qui ne permet pas d'excéder les principes sans les plus fortes raisons , qui sait respecter les droits d'autrui et faire respecter les siens , mais qui est sur-tout indulgente sur les actions , en faveur des bonnes intentions reconnues ; sans quoi, est-il un corps législatif lui-même qui mériterait de rester en fonctions , si on ne tolérait un grand nombre de ses actes , en faveur de ses intentions honnêtes et pures ?

Pour m'expliquer enfin nettement à ce sujet, je viens de lire dans ma gazette du 27 fructidor , cet article : « La Clef du Cabinet insinue » que, par la suite, les séances du corps législatif ne seront pas continues , et qu'il y aura » quelque interruption dans la confection des » lois. Nous ne croyons pas que l'ajournement » dont il est question puisse être prochain ». Voilà , sans doute , un de ces articles bien capables d'appeler l'attention , au moment d'une universelle régénération , si la réalité de la chose pouvait avoir quelque probabilité : mais me sera-t-il permis de déclarer que c'est ici un piége tendu par nos ennemis pour opérer des défiances ou de la division entre le corps législatif et le directoire ; ou que si le corps législatif entrait un jour en cette composition , ce serait une preuve qu'il existe dans son sein de ces extra-thermidoriens qui ne se sont fourrés dans les sociétés populaires que pour les faire fermer, après avoir étouffé l'esprit public de républicanisme , et y avoir substitué celui de royauté ? Mais non , il est évident que c'est ici la plus atroce calomnie ; et je déclare que si je représentais la partie publique, j'en rechercherais et poursuivrais l'auteur jusqu'à extinction de chaleur ; car je ne crois pas que des journalistes puissent se permettre d'inventer de tels articles pour flatter ou émouvoir les passions, et, par conséquent, pour gagner plus d'argent. Ainsi l'on voit, ma citation détermine mon opinion ; et après avoir posé ce principe, je vais suivre rapidement l'ordre de mes pensées.

Je pense, Français, qu'il vous faut encore des mandats, quelque nom que vous leur donniez ; mais qu'il ne faut plus qu'un tel papier puisse devenir, près de vous, l'affreux agent de l'injustice, de l'escroquerie et de la corruption. Je pense aussi que les mandats, ayant pour but de remplir le vide de l'argent dans la circulation, sans faire disparaître celui-ci ; que les mandats n'étant pour les affaires et les contributions qu'un papier d'aide et de crédit, ils ne doivent servir qu'à ceux qui ont la faculté et sont dans l'usage de faire des affaires et d'accorder ou recevoir du crédit ; par conséquent qu'ils doivent être écartés de la classe des ouvriers à la journée, et du soldat de la patrie ; mais que ceux-ci, en revanche, doivent être réglés respectivement, soit pour leur solde, soit pour les prix de leurs journées.

Je pense que l'ordre le plus rigoureux doit

être observé dans l'administration des biens nationaux restans encore au gouvernement; et que ce n'est pas à celui-ci seulement, mais encore au commerce, à l'industrie et à la propriété d'en constater solennellement l'existence et la valeur réelle, puisqu'en cas d'émission de mandats, c'est à eux particulièrement qu'ils seront hypothéqués : c'est donc à ceux-ci d'en arrêter la dilapidation jusqu'ici nécessaire et profitable, mais enfin très-préjudiciable lorsqu'on peut atteindre à d'autres moyens de soutenir l'association. Ils le feront par l'entremise d'une caisse nationale correspondante dans tous les départemens, mais comptable elle-même à la nation et au gouvernement. Quant aux droits qui seront acquis à la paix générale aux défenseurs de la patrie sur les biens nationaux, je leur réserve des récompenses que beaucoup préféreront ; au reste, leur hypothèque sera conservé, et ils choisiront.

Je pense que l'agiotage des biens et des billets nationaux, étant, de la part de ceux qui font métier de les jouer à la baisse par des moyens honteux, une conjuration ouverte contre la nation, et encore une passion vile et décevante qu'il importe de tempérer, une source de corruption publique enfin semblable à celle de tous les jeux de pharaon, doit être, non pas heurtée trop sévèrement, (ce serait l'étendre,) mais réglée comme toutes les autres passions, seul moyen de les éteindre, ou corriger peu-à-peu. A cet égard je suis pressé du desir de rendre justice au ministre de la police actuelle. Il m'a été dit que reconnaissant l'impossibilité d'arrêter tout-à-fait la fureur du jeu dans Paris, il a permis l'établissement de douze maisons privilégiées dont l'ordre et la sûreté sont commis à la police, moyennant une contribution de 2000 pièces de 24 livres pour les douze maisons. Que dire d'un tel privilège accordé au vice? Blesse-t-il la constitution, la liberté, l'égalité? Non, car la république n'a point le droit elle-même de se débander; mais il modère et arrête peu-à-peu un torrent aussi dévastateur que celui du jeu, en intéressant les maisons privilégiées à dénoncer celles qui ne seraient pas munies d'un pareil privilège, et empêche par conséquent les escrocs de se rassembler, autrement que dans les lieux privilégiés, où après avoir trompé une société sur leur moralité, ils se trouveront du moins très-embarrassés de faire bonne contenance avec des joueurs honnêtes gens, mais aussi fins qu'eux sur le chapitre des évènemens ou tricheries.

Or, il est aussi un agiotage ou escompte public qu'il est nécessaire de tolérer à l'avenir, en ce qu'il est la source d'épuration du gouvernement lui-même, qui voit ainsi le jugement qu'on porte loyalement dans le public sur ses opérations, en ce qu'il l'avertit de ses fautes et lui donne l'avantage de les pouvoir réparer à tems; mais cet agiotage même doit être puni dans ses excès, en ce qu'il ne tarderait pas à priver les manufactures, le commerce et l'agriculture des chefs et bientôt des subordonnés qui leur sont nécessaires, et à les diriger vers un trafic odieux qui, comme les loteries et les jeux, tient l'ame dans un état de putréfaction très-propre à répandre partout la contagion : or les loix sont une opposition douce et réglée aux penchans déréglés du corps et de l'esprit qui se trouvent malheureusement aussi dans la nature de l'humanité pour l'abaisser comme la raison et les vertus s'y trouvent pour l'élever.

Ces réflexions, et par dessus tout les loix de répression qui ont été portées contre l'agiotage m'ont engagé à proposer une amende épuratoire contre les agioteurs et les intrigans de France que désignera l'opinion légalement provoquée à leur sujet; et j'ai pris toutes les précautions pour que cette loi ne soit pas tyrannique, non plus que son exécution lente ou précaire. Pour se persuader qu'elle est juste, il ne faut que remarquer qu'elle n'est pas contraire à l'état de nature: en effet, les hommes qui n'avaient rien n'agiotèrent sur rien, et les gens de bien, accoutumés à respecter les loix, n'agiotèrent point. Enfin il est reconnu que les

agioteurs

agioteurs et leurs excès entraînèrent la chûte et non pas l'épuration des moyens pris ou à prendre par le gouvernement; qu'ils réduisirent même celui-ci à dépendre d'eux, ou à tomber entièrement, ce qui lui a ôté la consistance réelle qu'il devait comporter. C'est donc à eux à commencer de le remettre sur pied avec une partie des énormes produits de leurs exactions. Malgré l'étendue et l'importance de celles-ci, je borne l'amende proposée à leur charge à soixante millions comptant comptés en numéraire une seule fois payés, et je fournis les moyens de prélever cette somme promptement dans Paris comme dans les départemens.

J'ai pensé que la levée et l'organisation des impôts, étant des travaux qui tiennent directement à la nature et stabilité des associations, doivent être ménagées selon les inspirations de l'intérêt général, conséquemment de la raison; que les préposés à leur établissement, distribution et perception doivent être des hommes vieillis dans cette science divisible en tant de parties liées entr'elles par leur essence; qu'on doit écarter, dans les impôts sur-tout, ce régime d'oscillation qui les a fait tomber en France; enfin que les contributions doivent être proportionnées exactement aux facultés et avantages que retirent les contribuables, et aux circonstances où se trouve l'association, mais

D

toujours exemptes de préférences et de ténèbres.
Ai - je fourni les moyens pour cela? C'est la
question qu'on aura à juger dans la suite.

J'eusse desiré d'abord que l'état vînt promptement et efficacement lui-même au secours des
rentiers et pensionnaires, comme des autres
créanciers qui ont souffert; qu'il rétablît également la justice à l'égard des propriétaires;
mais telle est la rapidité des sources qui entraînent à sa destruction un état mal gouverné
dans ses finances, que je me suis vu forcé à
la fin de prouver que celui de France a perdu
tous moyens de s'acquitter exactement, comme il
l'aurait pu si j'eusse été écouté lorsqu'il en
était tems. Quoiqu'il en soit, je tends une main
secourable et sûre à tous les malheureux; et
les rentiers, pensionnaires et créanciers de l'état
ne sont pas oubliés.

Bref, mes principes sont, par rapport au
commerce et à l'industrie, la liberté, mais aussi
l'ordre, la méthode et la clarté des opérations,
la foi des engagemens, la publicité de tous les
cours du commerce, de tous les changes et de
l'importance de toutes les fortunes, publicité
toutefois réglée elle-même de manière à éviter
qu'elle puisse nuire réellement à aucun membre
de la société; mes principes sont de procurer
au commerce l'assistance active du gouvernement, sa protection étendue par terre, par

eaux et par mers; d'obtenir, en sa faveur seulement, l'affranchissement de l'impôt du timbre, impôt aussi immoral que destructif de la foi et de l'extension commerciale; mais de le soumettre, ainsi que l'industrie, à compter avec le gouvernement de ses profits, et à lui en faire part, en forme d'impôt commercial et industriel, avec une grande parcimonie, comme aussi d'engager le gouvernement à les combler de dédommagemens et d'encouragemens.

Pour faciliter cette partie d'administration absolument neuve dans tous les gouvernemens, j'établis l'ordre nécessaire depuis le dernier des contribuables jusqu'au premier des comptables qui est le gouvernement. J'ouvre ainsi des voies nouvelles et conformes aux principes d'association et d'équité qui assurent la durée et les vertus des républiques en matière de contributions commerciales et industrielles dont il paraît que jusqu'ici aucun auteur encore n'a conçu la simple, mais grande idée; toutefois j'ai grand soin que ce trésor dont je présente au gouvernement la clef, ne puisse jamais rien lui fournir qu'en proportion de ses peines et de ses soins pour ouvrir aux contribuables des moyens de reproduction bien supérieurs à la somme des contributions. Il faut contribuer sans doute, mais il faut recevoir du corps réglementaire de l'association plus de bienfaits et de profits que ne comporte la somme qu'on met dans l'association pour y avoir une ou plusieurs actions. Tel est le but de toute association par rapport aux intérêts généraux et privés, et tel est aussi le principe que j'ai suivi. Je pense que les élections étant l'une des bases fondamentales de l'association, elles doivent être coordonnées selon les principes de la prospérité, de la raison et de la liberté.

J'ai pensé sur-tout qu'un ordre de choses si desirable ne pouvait s'effectuer dans l'intérieur de la France, sans donner à la raison et à la vertu la prépondérance et la force de persuasion qu'elles méritent; et pour cela, j'ai pensé que rien n'est plus épuratoire que la présence d'une force armée dirigée avec intelligence : mais j'ai pensé aussi que la nation ne devait pas confier sa régénération à une efferverscente jeunesse trop propre à se ressentir du mouvement tumultueux des passions ; qu'on devait extraire de nos glorieuses armées beaucoup de vétérans accoutumés à l'ordre et à la discipline, et les mêler avec les vieux militaires retirés qui voudront prendre engagement dans une gendarmerie mêlée de manière à en assurer l'invariabilité de principes, la discipline et l'activité ; qu'en conséquence beaucoup de jeunes gens devront retourner au poste de l'honneur pour faire place à leurs anciens qui, en entrant dans la gendarmerie de France, entreront dans un poste d'argent où leurs services recevront le juste tribut qui leur est dû ; qu'hors les tems de guerre, les soldats alertes doivent être relégués dans les camps où ils s'occuperont militairement et républicainement ; que l'honneur enfin doit être aussi l'un des ligamens de la république française, et qu'en conséquence elle ne doit exempter aucuns jeunes gens de faire au moins un congé de trois ans.

Voilà pour assurer la garantie de la prospérité du commerce, de l'industrie et des finances, parties si essentielles que, comme l'on dit, quand elles vont bien tout va bien : mais ce mot, *comme l'on dit*, m'a toujours choqué ; et je n'ai pas voulu m'y renfermer ici. J'ai cru qu'il existait encore d'autres moyens inséparables, d'autres principes nécessaires à suivre pour faire et recueillir le bien ; et pour les trouver, j'ai embrassé l'ensemble de toute une société.

La première idée qui se soit présentée à moi, c'est qu'une grande société, pour se reconnaître, se divise d'abord en autant de départemens et de cantons que l'exigent son étendue et sa population ; que ces parties ainsi divisées, pour s'entre reconnoître et animer ensuite, divisent elles-mêmes leurs individus selon les occupations auxquelles ils sont propres ; et que si c'est là ce qu'on appelle corporations , il est préférable du moins d'en former de semblables qui s'occupent sans cesse , plutôt que de celles oisives , comme la noblesse ou les confréries ou même de celles qui ne font que troubler la société , sous prétexte d'y faire germer la raison ; qu'au surplus les unes comme les autres ne peuvent pas nuire , quand elles sont bien réglées ; mais que pour les régler , encore les faut-il connoître et distinguer.

La seconde idée qui se soit offerte à mon esprit est qu'il faut un centre d'opinion en matière d'intérêts généraux , et qu'en matière de passions nul corps , nul individu dans une société ne doit être au-dessus de la loi devant le tribunal de la justice , de l'ordre et de l'humanité ; pas même la nation entière ; pas plus enfin son corps législatif ou exécutif en masse , que tout autre corps ou individu privé ; mais que chacun doit avoir des juges proportionnés à ses fonctions : c'est ce qui m'a amené , à proposer un aréopage national où l'opinion , où l'opprimé portent leurs justes accusations , réclamations , dans les causes et actes purement nationaux , la constitution ayant pourvu aux tribunaux particuliers pour les causes et actes purement privés.

La troisième de mes réflexions s'est portée sur la nécessité de produire et maintenir une

épuration légale perpétuelle au sein de la nation :
et pour cela, je divise celle-ci en deux classes,
celle des hommes qui ont reçu une bonne éducation, et celle de ceux qui ont eu le malheur
d'en être privés, ou qui d'eux-mêmes se sont
voués aux professions ou actions, dont l'essence est par elle-même basse : je soumets ceux-ci
à la police, et ceux-là à des tribunaux d'épuration.

Une quatrième réflexion bien essentielle s'est
tournée vers la nécessité de dissiper les ténèbres de toutes les religions, et notamment de
de celle chrétienne ; de les ramener toutes à
leur institution primitive qui n'est autre chose
que la reliaison des peuples à la chose publique entreprise et soutenue continuellement par des sages
chargés par les gouvernemens, non de tromper
les nations, mais de les entretenir dans les
idées simples et morales qui tendent à en assurer
la force et la durée ; le tout sous les auspices
de la divinité suprême dont les ministres sur la
terre sont la nature, la bonne foi et la vérité.

Enfin j'ai cru devoir resserrer et retendre
même avec violence toutes les imaginations vers
les points simples et vraiment utiles et importans qui produisent les grandes choses, sans
fatiguer le corps ni l'esprit. Il serait prématuré
d'en dire davantage ici ; ma préface et mon
affiche première, qualifiée ici d'introduction,

ayant mis à portée de juger à quoi le reste peut mener. J'eusse desiré , il est vrai , attendre un âge plus avancé pour donner un tel ouvrage , parce que l'étude et l'expérience eussent pu me fournir plus et de meilleures matières ; mais je me suis persuadé à la fin que la révolution , quoique faite , étant encore dans l'enfance aimerait mieux pour compagnon de jeu un enfant de son âge , et je me suis déterminé à lui offrir mes services. Qu'on ne s'étonne donc point si dans le commencement sur-tout, on me voit bégayer ; l'enfance n'a point l'ambition ni le poli de l'âge avancé ; je me suis laissé les coudées franches , afin de prendre , s'il se peut , de la force en grandissant.

ANALYSE,

OU

TABLE DÉTAILLÉE des matières fondamentales du Plan de régénération des finances et du commerce.

PROGRAMME du plan tel qu'il fut remis, en messidor an IV, à l'institut national et au directoire exécutif de France.

EXORDE du discours préparé alors pour l'Institut.

NOTE sur le changement de raison de commerce de l'auteur, par suite de son divorce d'avec la citoyenne M. M. Héron, suivi de son remariage avec la citoyenne B. S. J. Billaux.

RAPPORT de l'abbé Fauchet au cercle social, sur un mémoire de finances que l'auteur offrit à la nation en 1790.

NOTE sur le nom du représentant du peuple Grégoire accolé à celui de l'auteur, durant la présidence de ce représentant dans l'assemblée constituante de France.

AUTRE rapport du même ouvrage fait aux jacocobins.

RÉFLEXIONS sur les rapports qui se font ordinairement dans les grandes assemblées, quand il s'agit d'ouvrages compliqués.

Articles I, II et III du Programme.

Développemens du Plan.

Causes du discrédit des assignats vainement démontrées en 1790; les mêmes causes ont existé depuis pour les mandats.

Les uns et les autres ne se divisèrent point de manière à remplir les fonctions du numéraire.

Leur division devait approcher des besoins journaliers des contribuables auxquels seuls ils étaient où doivent être destinés, mais s'éloigner toujours des dernières classes ouvrière et militaire.

Nécessité de faire passer le numéraire des agioteurs dans les mains de l'ouvrier des villes et campagnes, et par eux, dans celles du fermier et manufacturier.

Caisse nationale à la faveur de laquelle pourra toujours s'effectuer, jusqu'à l'extinction des mandats, leur échange en argent effectif ou valeur d'icelui, sans que le gouvernement, si l'on le veut ainsi, y fournisse un sol, comme l'auteur l'a proposé en 1790, à l'égard des assignats.

Mesures contre la falsification des assignats ou mandats, quel que soit le nom qu'on donne à un papier-monnaie quelconque, lesquelles sont, à l'égard de ceux-ci, le seul moyen de leur donner raisonablement un cours forcé.

Escortes militaires pour les envois conséquens

que le gouvernement fait ou reçoit, en mandats ou en argent, ainsi que je les avais proposées pour les assignats.

Rεμὲde efficace à ces divers fléaux, et moyens de couper le mal à la racine.

Il faut faire passer du numéraire au soldat et à l'ouvrier; mais taxer le prix des journées de travail, comme on le fait de la solde militaire, suivant la rareté actuelle de l'argent monnoyé, et cependant selon les besoins et les localités.

Profession de foi et d'attachement du gouvernement aux ouvriers avec lesquels il fait absolument cause commune.

Un ordre prompt et régulier dans les finances peut seul soutenir l'édifice constitutionnel, auquel, sans cela, succédera infailliblement *une anarchie tyrannique* ou la royauté.

Article IV.

Commerce.

Les finances ne sont rien sans le commerce qui en est l'aliment.

Soumettre le commerce à l'ordre et à la bonne foi; lui rendre son ancien crédit.

Faire cesser tout prétexte à la défiance réciproque par les loix.

Le gouvernement et le commerce ne peuvent se passer de mandats.

Le crédit commercial est nul en ce que chacun s'est manqué de foi.

L'arbitraire ne saurait faire faire aux mandats le service du numéraire.

(61)

Proposition inutile à cet égard.

La valeur libre des mandats dans l'opinion, et leur échange volontaire contre des valeurs fixes, sont les seuls moyens de leur donner cours forcé.

Définition du mot cédules.

Le plan de finances du conseil des cinq-cents soumis au public, en brumaire an IV, était bon en lui-même, et fut rejetté légèrement.

Moyen de donner aux propriétaires et rentiers du numéraire pour leurs besoins pressans, et des rentes, à quatre pour cent, pour vivre plus tard, contre leurs mandats.

Sur quoi ces rentes et ce numéraire seront pris.

Caisse inépuisable jusqu'à extinction des mandats pour suffire à tous les échanges semblables.

Réclamations des commerçans sur cet avantage dont ils ne profiteront pas, disent-ils.

Commerçans détrompés à cet égard.

Rétablissement de la balance de la circulation.

Il ne circulera plus de papier-monnaie que dans la juste proportion des besoins du commerce.

Réflexions à ce sujet.

On fera désormais des affaires plus sûres et aussi avantageuses avec le gouvernement qu'avec les particuliers.

Démonstration de cette vérité.

Craintes que le gouvernement perde en attachant un intérêt de quatre pour cent aux cédules.

Le public préservé d'avoir recours à eux.

Manière dont on s'engagera à l'avenir.

L'on travaillera le matin, et l'on paiera le soir.

L'agio régulier des mandats est et sera légitime.

Trépas de ce qu'on nomme agiotage.

Tension perpétuelle de l'esprit des Français vers le commerce.

Le gouvernement n'émettra plus de nouveaux mandats.

Il n'y en aura jamais sur les places diverses, que la juste portion utile à la circulation.

Leur cours sera la boussole de celle-ci.

Prédiction sur les mandats ou autres papiers d'état qui les remplaceraient.

Impossibilité démontrée qu'ils prennent faveur sans les moyens indiqués.

Les biens nationaux livrés aux agioteurs, intrigans, spéculateurs impurs.

Rétablissement du crédit des mandats ; leur retraite imperceptible de la circulation, lorsqu'ils n'y seront plus utiles.

Leur fonds et l'intérêt d'icelui garanti aux possesseurs des mandats par mon opération.

Fortune prochaine des premiers qui y auront confiance, aussitôt le ressort commercial monté ou prêt à monter.

Ordre à mettre promptement à la dilapidation des biens nationaux.

Art. XV et XVI.

Article VII.

Biens nationaux.

En organiser la vente au-dessous des estimations de 1790, mais en numéraire ou mandats au cours.

Moyens d'attirer l'étranger et son argent en France.

La nation n'est point en banqueroute; il n'y a que du dérangement dans ses affaires.

Article VIII.

Récompense promise aux défenseurs de la patrie.

Heureux qui peut promettre avec succès, plus heureux qui peut tenir!

La promesse en question sera sans effet, si l'état actuel subsiste.

Nos frères d'armes rétrograderont, si leur courage n'est soutenu par les finances.

Ma profession de foi à l'égard de nos frères d'armes.

Profession ridicule de l'évêque de Liéges à l'égard de la France, aux premiers tems de la révolution.

Justice de l'indemnité due, par la nation, nos frères d'armes, à la paix.

Moyens de la leur assurer d'une manière digne de leur gloire et de leurs vertus.

Regard sur nos colonies.

L'avantage du système prohibitif à leur égard

E

pour notre commerce et notre industrie , et pour toutes les classes de la métropole.

L'ambition des colons et leur insatiable avidité causa leur chûte et leurs malheurs.

Nos colonies redeviendront-elles incultes , ou bien y aurons-nous semé pour autrui ?

Nos avantages sur la mer sont perdus ; nos colonies sont perdues, puisque nous n'en recueillons plus les produits.

Une Carthage moderne s'élève, et rend déjà le monde entier tributaire de sa suprématie maritime, et dépendant de ses richesses d'outre-mer.

Appel à nos soldats et à nos marins des torts et des maux que nous a faits l'Angleterre.

Invocation à eux faite de rétablir la balance politique entre toutes les puissances d'Europe sur mer , comme elle l'est sur terre.

L'isle d'Angleterre croule déjà sous le poids de ses propres richesses.

La rareté prétendue de l'argent n'y est que factice et relative. C'est la même que nous éprouvâmes de 1780 à 1783 , au milieu des richesses immenses que nous avions cumulées.

Probabilités et preuves de cette assertion.

Pitt nous a favorisés , dans le secret de son cœur , divers traités de paix partiels , afin d'augmenter sans dangers , par l'entremise des pavillons neutres , le débouché des denrées coloniales et indiennes , dont l'Angleterre regorge.

Moyens que Pitt emploie pour asservir toutes les puissances maritimes , et rendre l'Europe entière tributaire et dépendante de la nation Anglaise. La Russie est la seule puissance qui lise dans ses projets , et s'en préserve efficacement sous les dehors d'une amitié feinte.

Les mêmes dangers eussent menacé , de notre part , l'Espagne et l'Amérique , sans la Hollande qui mit tout d'accord , en s'emparant des enjeux.

Révolution hollandaise à ce sujet , et ses causes ; changement dans la balance politique et les intérêts de l'Europe à cette occasion.

L'Espagne se tire du choc à-peu-près but-à-but.

Mais les français et les américains tirent enfin à eux les avantages énormes de la dernière guerre et de la révolution hollandaise : aux premiers , ils deviennent une source de corruption ; aux seconds , une base d'établissement , une chaîne de prospérités.

Situation actuelle de l'Angleterre. Intérêt qu'a l'Europe à ce que la France puisse contre-balancer sur mer cette énorme puissance.

Comment la France passa graduellement de l'état de splendeur à l'état de marasme le plus complet.

Pressentiment sur le sort funeste qu'éprouvera

un peu plus tôt ou un peu plus tard l'Angleterre.

Sur quoi il est fondé.

Encouragement donné aux français de reprendre la partie, et d'y mieux jouer dorénavant que par le passé.

Raisons de tout l'épisode ci-dessus ; c'est le champ d'observation des français.

Nos malheurs et nos troubles intestins sortent, en grande partie, de l'abîme que nous a ouvert la politique vaste, ambitieuse et hardie du cabinet de Saint-James.

A-t-on besoin d'affecter à nos armées tels ou tels biens, lorsque tous leur sont affectés de droit ?

Le dépérissement des biens nationaux serait la suite de cette affectation ridicule.

L'acquéreur des biens nationaux doit choisir librement celui qui lui convient le plus.

Nos armées ne mettent pas opposition aux ventes de partie de ces biens, puisqu'elles leur assurent mieux leur gage.

Les tableaux de ces biens fournis en brumaire an IV, paraissent à cet égard une garantie inépuisable.

La sûreté qu'estiment le plus nos frères d'armes est dans leur courage, dans leur amour pour la patrie et le triomphe de la liberté.

Notes sur l'amour de la patrie, et sur la douceur qu'on goûte à souffrir et même mourir pour elle, qui forment une partie de mon histoire pendant la révolution.

Article IX.

Embarras du gouvernement.

La prudence impose une retenue sans bornes à l'égard des expédiens auxquels le gouvernement est réduit à avoir recours, pour soutenir la guerre de la liberté contre la tyrannie.

Le gouvernement actuel a de bien nombreux ennemis.

Éloge sincère du gouvernement actuel.

Sur l'opinion qui se manifeste dans les spectacles et lieux publics contre le gouvernement.

Rapprochement entre Louis XIV après la mort de Colbert, et le corps actuel du gouvernement.

L'un et l'autre ont toujours eu tort quand ils n'ont point eu d'argent.

Ésope juge dans cette cause.

Emprunt forcé de 600 millions en numéraire ; il n'a produit que 13 millions selon les uns, que 200,000 livres suivant les autres.

Vices de cet emprunt.

Taxe épuratoire de 60 millions en numéraire sur les agioteurs et intrigans.

Raisons morales de cette taxe. Ce n'est point parce que les agioteurs disputent leurs intérêts avec le gouvernement, mais parce qu'ils corrompent la nation.

Cette taxe est bornée à cette somme, dans l'es-

poir que les agioteurs feront désormais fructifier leur argent plus honorablement.

L'ART des finances, ainsi que du commerce, est
de savoir faire beaucoup avec peu.

VENTE du mobilier national inutile ; parabole à
ce sujet.

MOYENS de connaître les agioteurs, et de les
atteindre par la voie de l'opinion publique
prudemment provoquée.

DOUBLER la taxe épuratoire à la charge des
agioteurs désignés, s'ils ne nomment pas leurs
coopérateurs.

DIX jours après les instructions parvenues, la
somme entière sera prélevée et en route pour
le trésor.

CE qui fut résulté de l'emprunt de 600 millions
en numéraire, s'il eût pu s'exécuter.

LE gouvernement cette fois ne recevra point de
mandats au cours, pour éviter les tours de
bâton possibles, ou le désordre et la dilapidation.

INTÉRÊT pressant du gouvernement à établir une
caisse d'échange des mandats contre des cédules et de l'argent.

APPEL dans cet établissement des gens instruits à
balancer le monde entier par un agio régulier.

L'ÉMISSION des mandats recevra nécessairement
le cours et l'impulsion de la justice et d'une
opinion éclairée.

Elle rétablira le crédit public par l'art et la modération du gouvernement.

Le crédit du gouvernement n'est aujourd'hui appuyé que sur la force et la prodigalité, c'est-à-dire, sur rien.

Articles X, XI et XII.

Impositions et impôts ; délicatesse de la solution des questions qui y ont rapport.

La prospérité de tout état y tient le plus souvent.

L'avarice ou le relâchement à cet égard a produit la chûte de bien des états florissans.

Proposition d'établir une compagnie qui fasse voyager à l'étranger, pour recueillir des instructions sur les divers moyens pratiqués à l'égard des impositions directes ou indirectes.

Utilité de ces voyages dans le cas d'alliances et traités de commerce à conclure.

Systême d'impositions tiré de la nature et de la raison, autant que fondé sur l'utilité publique.

Les ouvriers journaliers, les laboureurs journaliers affranchis de tous impôts directs et indirects et de toutes corvées.

Répartition des impositions en proportion des facultés ou revenus et bénéfices annuels des autres citoyens ; et moyens de l'assurer.

Borne mise à l'abus de cette ressource par la

publicité des besoins et des emplois du gouvernement.

ADMINISTRATION des finances dégagée de la complication qui l'entrave et qui exige tant d'agens.

ÉTABLISSEMENT d'impositions auxquelles on ne peut se soustraire , d'impôts qu'on ne peut frauder.

RAPPEL des fermiers-généraux , receveurs , régisseurs &c. , à ce sujet.

FORMATION d'une commission de finances , intermédiaire entre le gouvernement et les citoyens.

PRINCIPE à cet égard.

BORNES imposées aux fonctions du pouvoir législatif et exécutif par suite de ce principe.

LES droits et régies conservés au compte de la nation.

JUSTICE rendue aux lumières du corps fiscal ancien.

SURVEILLANCE imposée néanmoins contre les fausses inductions de ses membres.

MOYENS de rétablir l'équilibre entre les recettes et dépenses du gouvernement , et de rendre à chacun la justice qui lui est due.

ARTICLE XIII.

RENTIERS et propriétaires.

LEUR paiement prochain en numéraire, ou en

mandats au cours fidèlement et légalement constaté.

Liaison formelle de l'intérêt du gouvernement avec celui des rentiers et propriétaires.

Ce n'est point par des libéralités mal entendues qu'on se concilie la multitude ; elles ne font que des méchans, que des ingrats ; mais surtout quelle libéralité que celle qui se fait du bien d'autrui !

Moyens de se concilier la bienveillance de la multitude.

Moyens de rendre l'exécution des lois assurée et durable.

Il est utile dans une nation de séparer les bons des méchans , mais peut-on séparer cette même nation de ce qu'elle a de plus honnêtes gens ?

Les rentiers et pensionnaires sont les meilleurs citoyens d'un état , puisqu'ils font dépendre de celui-ci leur propre sort : quels que soient les gouvernans de l'état , ils ne peuvent rien changer à l'égard de dettes aussi sacrées que celles-là ; mais ils peuvent proportionner les créanciers suivant les règles de la justice et de l'intérêt public , pourvu qu'en ceci ils ne leur fassent aucun tort.

Les propriétaires nourrissent et logent la nation , par la distribution de leurs biens ; c'est donc manquer à la reconnaissance, à la fraternité, à la morale publique, que de les réduire à la misère ou à ne pouvoir user de leur propriété.

Levée de toutes les difficultés que le gouvernement pourrait éprouver dans ses paiemens.

Réflexions sur les dangers qu'il y aurait à tomber dans l'excès de la munificence à l'égard des propriétaires et rentiers ; moyens de proportionner leur existence à l'existence publique. Démonstration de l'intérêt général et de la justice à cet égard.

Les calculs résultans de ce plan portent la réduction des rentes à la moitié effective de leur valeur nominale : sans le plan entier, il est impossible qu'elle se porte à plus d'un quart. Toute loi contraire sera inexécutable, ou du moins ne tiendra pas.

Les baux et loyers doivent être résiliés réciproquement, mais par des règles exemptes d'inconvéniens ; c'est le seul moyen de discerner les escrocs des gens de bien.

Article XIV.

Avantages que le gouvernement trouve à favoriser le commerce.

Effets du commerce à son égard depuis la révolution.

Nature du principal commerce qui a eu lieu pendant la révolution.

Son origine et ses fins.

SA consistance n'était que factice ; mais il fut libre , et cela a suffi pour que le gouvernement y trouvât des ressources directes et indirectes dans la bourse de tous les citoyens.

AUJOURD'HUI le commerce ne va plus, particulièrement en raison de la défiance réciproque que le gouvernement y a fait naître ; et voilà le gouvernement à la merci des agioteurs seuls, qui traitent avec lui ou ses agens , comme d'ennemi à ennemi.

AUJOURD'HUI le commerce ne va plus , et le gouvernement ne se soutient plus qu'à l'aide des biens nationaux qu'il prodigue au premier venu , pour tenir à flot la barque de l'état quelques mois, quelques jours, quelques heures peut-être.

MOYENS de parer à tout , de ranimer le commerce , et de le purger de ces intrigans perfides , habiles à séduire la foi particulière par des apparences, et à la tromper par des faits qui répugnent à la probité , quelles que soient les lois circonstantielles qui les y ayent autorisés.

MOYENS de diriger le commerce vers les objets utiles, et d'écarter par des impôts bien combinés toute production étrangere inutile.

LE gouvernement ne doit jamais s'initier dans les conventions particulières , que pour leur donner force de loi et liberté entière.

Toute loi qui interdit la faculté de contracter à son gré est une loi contraire à la liberté, et à l'esprit de tout gouvernement républicain.

En quoi consiste la perfection d'un gouvernement républicain.

Nature de l'homme par rapport à la liberté et à la justice.

Moyen d'en tirer avantage pour le bonheur général et le bonheur particulier.

Le gouvernement n'a pour se sauver d'autre barque que la justice ; mais la justice est praticable en France comme partout.

Il faut des lois réciproques qui soient l'objet de l'amour des bons , et la terreur des méchans ; mais surtout des lois qui s'éxécutent sans violence.

Sans la liberté du commerce et des stipulations, point de régénération à espérer dans les finances.

Point de moyens de payer les dettes courantes et les dettes à l'étranger , si l'on ne possède la science de rendre au commerçant travailleur beaucoup plus de richesses qu'il ne paiera dimpôts.

Sans la liberté du commerce, la banqueroute est inévitable , et nous ne pourrons payer l'étranger que par le canon , moyen bien dangereux pour celui qui l'emploie.

Le remède à tout cela est l'ordre à tenir dans

les affaires générales et particulières, la liberté indéfinie du commerce , d'après des règles générales et utiles.

Article XV.

Constater chaque jour le cours des mandats, denrées et marchandises.

Pratique des courtiers à l'égard de celles-ci et du change sur l'étranger.

Avantages que le commerce en retire.

La nation en retirera celui de voir tous les français et même l'étranger prévenir régulièrement les besoins de tous ses citoyens.

Objections résolues contre cette pratique par des argumens tirés de l'expérience.

Maux qu'a produits l'obscurité à cet égard pendant la révolution.

Démonstration de la progression désordonnée que cette obscurité a produite dans l'agiotage.

La ruine prochaine de tous les citoyens français en sera la suite.

Avantages du système contraire. Chacun est à portée de connaître si on le trompe ; l'on préfère vendre à petit bénéfice ou travailler deux fois qu'une ; les travaux et le commerce prennent de l'accroissement ; la méthode honteuse de surfaire ou de survendre tombe ; le commerce se trouve ennobli , et sa balance se décide enfin pour le peuple qui travaille et vend à meilleur marché , pour celui qui travaille sans interruption , avec économie et facilité.

Article XVI.

Ouverture et réparation des chemins et canaux.

A cet égard le gouvernement ne doit pas être économe.

Son économie ne doit porter que sur lui-même et sur la répartition judicieuse et ménagée de ses commis.

Ceux-ci doivent être payés honnêtement, en proportion de leurs travaux et de leurs talens.

L'abus des masses noires que les chemins et canaux produisent est préférable à celui qui tendrait à les négliger pour éviter le premier.

Quoi ! la France , sans cabotage maritime , sera-t-elle aussi sans communications intérieures , parce que les difficultés des routes et les frais qu'elles produisent détournent les commerçants dans leurs spéculations ?

Abolition de tous les droits intérieurs ou des entraves qui pourraient gêner encore le commerce. Appel aux commerçants pour éclairer à cet égard le gouvernement , jusques sur les plus légers obstacles qu'ils éprouvent.

Article XVII.

Cabotage maritime.

Sᴀ définition et son usage.

Pʀᴏsᴘᴇ́ʀɪᴛᴇ́ du cabotage français , pendant la dernière guerre terminée en 1783.

Rᴀɪsᴏɴs de cette prospérité.

Lᴇ cabotage maritime est la pépinière et l'école des matelots.

Iʟ renouvelle seul et soutient la marine nationale.

Sɪ l'on taille dans la pépinière qu'il élève pour le besoin du moment , il faut être exact à y replanter pour le besoin futur.

Lᴀ marine nationale reçoit sa plus grande force de la marine marchande , et celle-ci ne peut rien sans l'appui de la marine nationale. C'est par ce concours mutuel entre les deux marines en France, que la dernière guerre devînt si funeste à nos ennemis, les anglais.

Iʟ y avait alors le cabotage des côtes et celui dit de long cours.

Hɪsᴛᴏɪʀᴇ du commerce français pendant la dernière guerre.

Ses diverses révolutions heureuses et malheureuses, par rapport aux colonies.

Cᴏɴᴠᴏɪs respectables de la marine royale, qui escortaient les expéditions.

Bʀɪʟʟᴀɴᴛs succès des manufactures pendant cette guerre ; valeur considérable acquise par toutes les propriétés françaises.

Jᴀᴍᴀɪs la France ne fut plus riche en or, en

argent, vaisselles, bijoux et ressources de toute espèce que pendant et à la suite de la dernière guerre.

JAMAIS le gouvernement ne trouva tant de moyens d'emprunter.

CES emprunts corrompent la cour de Versailles; l'exemple de ses débordemens gagne par-tout comme la gangrène, et le marasme général en est bientôt le fruit.

CETTE prospérité première fut due particulièrement à notre cabotage, soit sous convoi, soit sous le pavillon ostendois, dirigé par les soins du ministre Neker.

LES anglais se l'arrogent presqu'exclusivement aujourd'hui, sous un ministre non moins éclairé dans cette partie, mais extrêmement perfide.

ILS ont de plus déjà envahi partie des propriétés dans l'Inde et les colonies de la France et de la Hollande réunies.

MOYENS de calculer avec fondement l'importance des pertes que notre chère marine nationale fait aux anglais. Le cours des primes d'assurances maritimes à Londres est la seule boussole et le thermomètre de la prospérité et sécurité des anglais. A cette seule pensée, tremble, Europe; tremble, Autriche, toi-même qui reçois au milieu de Troyes les emprunts et les présens des Grecs.

TOUT

Tout n'est pas désespéré. Nos colonies sur-tout ne sont pas et ne peuvent être perdues pour nous. Raisons et probabilités de cette assertion.

Appel aux Français. Quelques revers ne doivent pas nous arrêter ; attaquons peu-à-peu le commerce anglais, en favorisant la course. C'est le moyen de détourner les maux que les frégates et les vaisseaux de guerre anglais nous préparent, et de débloquer ainsi tous nos ports ; car nos corsaires savent passer à travers les flottes même, et déranger les projets de celles-ci.

Serrons-nous d'ailleurs avec l'Espagne et les puissances qui veulent échapper à la servitude maritime que l'Angleterre prépare à l'Europe. Favorisons au moins le cabotage sur nos côtes, et préparons ainsi une nouvelle ame à notre marine épuisée et devenue aujourd'hui marine précaire et à charge à la nation.

Abordons la plaine maritime avec confiance ; elle ne nous engloutira pas plus que d'autres. elle est d'ailleurs si vaste, qu'elle offre bien des ressources, bien des issues et des retraites au nautonier prudent et consommé.

Le cabotage est si utile que le gouvernement doit le faire lui-même, quand ses sujets n'y trouvent plus d'intérêt, ou sont arrêtés par des craintes majeures qui les empêchent de le tenter.

F

Avantages qui sont résultés, même depuis la révolution, de cette espèce de cabotage.

Maux qui sont résultés, pendant la révolution, de ce manque de cabotage.

Le cabotage doit donc être, non-seulement soutenu, mais encore encouragé par des primes proportionnées aux circonstances de son utilité.

Art. XVIII, XIX, XX, XXI, XXII et XXIII.

Abolition du droit du timbre par rapport au commerce.

Raisons de cette proposition.

Circonstances qui portent à faire cette proposition.

Résultats heureux que l'abolition de cet impôt doit avoir.

La morale publique est liée à cette question, ainsi que la prospérité du commerce.

Causes et sources de cet abus, progression et tableau de ses suites funestes.

Nécessité indispensable d'y porter remède sur-le-champ par l'abolition demandée.

Moyen de remplacer avantageusement et moralement cet impôt odieux.

Moyen d'atteindre complettement les négocians, marchands, banquiers, financiers, agioteurs et chevaliers d'industrie, par une imposition régulière exempte de tout arbitraire.

Aucun d'eux ne pourra plus être fripon, banqueroutier - frauduleux, ou tromper la foi publique de loin ni de près par de faux dehors.

Projet pour bannir à jamais les banqueroutes et la mauvaise foi du sol français.

Avantages de ce projet par rapport à l'étendue de notre commerce à l'étranger.

Possibilités et preuves de ces avantages, tirées de l'exemple de la Hollande.

Le succès de ce projet ne tient qu'à la probité et bonne intention du gouvernement; il n'a besoin d'autre force que de celle de la justice et de la prévoyance.

Mise en activité des ordonnances de Louis XIV, par rapport aux livres de commerce que doivent tenir les négocians, marchands, banquiers; et extension de ces loix à tout manipulateur ou fabriquant par commerce ou industrie de denrées, marchandises, espèces, ou matières d'or et d'argent, (les ouvriers journaliers seuls exceptés.)

Méthode à prescrire à un chacun pour la tenue des livres en parties doubles.

Démonstration de cette méthode dans toutes ses parties.

Chacun peut, à l'aide de cette démonstration, acquérir parfaitement, en quarante heures de travail, la théorie entière de cette science

F 2

d'écritures, par rapport au caractère national des Français , et à l'activité et solidité qui en résultera dans le commerce.

Moyens d'assurer à jamais cet ordre uniforme d'écritures dans le commerce et dans toutes les administrations du gouvernement.

Moyens de prélever sur tous les contribuables l'impôt commercial et industriel , en proportion des bénéfices de chacun d'eux , légalement constatés.

Discussion complette de tous ces moyens.

Ces moyens permettent d'abolir tous les impôts compliqués, onéreux et irréguliers , pour leur substituer d'autres impositions simples et tirées de la nature même des finances bien ordonnées , que chacun paiera d'autant plus volontiers, que plus on contribuera et plus l'on aura gagné, que moins l'on aura gagné, et moins on paiera ; enfin que , si dans certains cas l'on a perdu dans son année , au lieu de payer des impôts assommans, l'on recevra des dédommagemens de ses pertes.

Ces moyens permettent d'affranchir tous les ouvriers journaliers et autres citoyens de tous impôts sur les objets de consommation, dont ils sont grevés à l'excès dans toutes les autres parties de l'Europe.

Influence qu'aura notre système d'impôt chez toutes les puissances d'Europe. Embarras qu'elles éprouveront à ce sujet.

Le commerce et l'industrie vont être désormais plus honorables que la noblesse de l'ancien régime, en ce qu'ils seront plus directement intéressés au succès de l'état ; et par contre, le gouvernement sera d'autant plus intéressé à protéger le commerce et l'industrie, que sa propre élévation y sera liée essentiellement.

Le gouvernement aura ainsi tout le large qu'il voudra pour imposer avec justice et régularité toutes les classes contribuables de la société ; mais toutes celles-ci n'ayant plus que le même intérêt, se réuniraient d'une commune voix contre le gouvernement, s'il tentait d'en mésuser.

En supposant que le commerçant paie un dixième de son bénéfice, qui se refuserait à payer mille francs d'impositions au gouvernement pour le soutien de l'état, si le gouvernement, par son intelligence, lui faisait gagner dix mille francs ? Tel est l'état de la question ; et les moyens proposés au commencement de cette analyse tendent à amener ces résultats.

Ecoles publiques pour y enseigner promptement et par pratique, jointe à la théorie, la tenue des livres.

Avantage des écoles pour attirer toute la jeunesse commerçante étrangère, et faciliter des voyages dans l'étranger à nos jeunes gens, en y gagnant, comme teneurs de livres ou commis, leurs dépens.

LIAISONS entre tous les peuples et les Français par ce moyen nouveau de communication.

CETTE pratique forme un essaim de commis vraiement ordonnés, parmi lesquels le gouvernement peut faire un si bon choix, qu'avec un quart du nombre des commis actuels, il fasse trois fois plus d'ouvrage.

ELLE formera des sujets capables de tenir les rênes de l'état, quand même il y surviendrait de violentes secousses.

TOUS les commis qui, dans l'espace de deux années, pourraient se trouver réformés, au moyen de suivre les écoles, auront facilement des places chez les négocians, où leur position sera moins précaire que dans le gouvernement, et seulement dépendante de leurs talens.

AVANTAGES des circonstances actuelles pour l'éxécution de ce plan.

TOUS les vices reçoivent, de ce plan, un léger avertissement de réforme.

MAIS tous les chevaliers d'industrie, sur-tout, sont démasqués, et reprennent leur nullité dans la société.

ARTICLE XXIV.

DIRECTION des impositions vers le niveau républicain.

Un pays est plus fréquenté, et ses habitans sont plus considérés, quand chacun y est agréablement et commodément logé, et de plus, décemment meublé.

Règles de protection et d'encouragemens des compagnies commerciales d'émulation.

Conditions à leur accorder et à leur imposer, selon leurs entreprises.

Tout privilége qui n'a d'autre but que l'utilité publique, ne blesse point l'égalité.

Les négocians qui ont le plus de vaisseaux, les manufacturiers qui ont le plus d'ouvriers sont les soldats qui servent le plus utilement leur patrie ; mais plus l'homme approche du faîte des richesses et de la puissance, plus il appartient à l'opinion publique : il ne sied bien qu'à la vertu sans tache et aux vrais talens de s'élever à ce point.

Article XXV.

Réflexions politiques et philosophiques sur l'influence majeure de mon systême d'activité et d'ordre commercial, industriel et agricole sur les mœurs nationales des français. Les français concilieront désormais la solidité du jugement, l'amabilité du caractère, la liberté et la gaieté extérieure que donnent à la fois l'accomplissement de la loi et la sécurité d'une bonne conscience.

Présage heureux sur les destinées futures du peuple français : mais il ne se reformera jamais, si ses chefs ne lui en donnent les premiers l'exemple : le bon exemple des chefs est la meilleure éducation que puisse recevoir une nation.

C'est de la tête de l'homme que sort l'ordre de ses idées ; c'est aussi de la tête de l'état que doit sortir l'ordre général à éclore dans tout son corps.

Le gouvernement doit à la nation l'exposé de son état actuel, de son état passé et de son état futur. C'est par un inventaire exact et régulier qu'il y doit procéder.

Mais la nation doit au gouvernement, à l'égard du passé, une indulgence entière sur l'égarement possible de ses facultés ; le remède général est dans l'ordre général.

Rien ne demande plus d'attention et de calme que cette opération, et sur-tout aucune opération courante ne doit être négligée pour celle-ci. A cet égard, il suffit donc d'arrêter, sur-le-champ, et de constater légalement tous les registres, pour les continuer ensuite sur le même pied, jusqu'à nouvel ordre, régulièrement et journellement établi.

Le directoire exécutif doit être chargé et responsable de cette opération générale de la tête et du corps de la nation.

Mais il doit chaque année avoir six mois de délai pour la présentation de son bilan annuel ; la politique l'exige ainsi : après ce tems , rien ne peut souffrir et tout gagne au contraire à l'établissement de cet ordre si desiré dans les finances de France.

Articles XXVI et XXVII.

Garde nationale rendue à ses travaux.

Remplacement de son service journalier par cent mille hommes de gendarmerie.

Réquisition des anciens militaires valides , à l'effet de concourir avec la gendarmerie actuelle et quelques vieux soldats et chefs tirés des frontières , pour former cette nouvelle garde française.

Augmentation de paye en faveur de ce corps , désormais la retraite du soldat expérimenté et le poste de l'argent ; comme les frontières sont pour la jeunesse l'arène de la gloire et le poste de l'honneur.

Les réclamations individuelles à cet égard seront entendues régulièrement , et il y sera fait droit ; mais après avoir obéi et satisfait à la déclaration exigée de tous les militaires retirés.

Principes à tous ces égards , et règles de discipline de ce corps qui doit l'exemple à la jeunesse.

Article XXVIII.

Emploi de la gendarmerie.

1°. Pour l'ordre et la sûreté des campagnes découragées et infestées aujourd'hui de toutes parts ;

2°. Pour exercer et rassembler régulièrement les citoyens, pour marcher avec eux contre toutes les Vendées ou chouanneries qui tenteraient désormais de s'élever ;

3°. Pour garder, d'après les mêmes règles de prudence et de fermeté, toutes les côtes de la mer contre toutes les descentes qu'on tenterait encore de pratiquer ;

4°. Pour garder le gouvernement, la ville de Paris et toutes les principales villes de la République ;

5°. Pour diriger au besoin, contre les ennemis de l'état, trois millions de citoyens vers les points ou la patrie pourrait être menacée, et soutenir ainsi successivement ceux des citoyens qui essuyeraient le premier choc ;

6°. Pour arrêter, en quelque part que ce soit, les déserteurs ou réquisitionnaires absens de leurs corps ;

7°. Pour faire tous les convois et escortes militaires, et garantir partout la sûreté des routes, des courriers et de la fortune publique.

Ce corps sera défendu et soutenu au besoin par

des camps militaires , répartis dans les diverses positions utiles de la république.

Principes à tous ces égards , d'après lesquels il est démontré que plus on se tient ferme contre le désordre intérieur et les ennemis extérieurs , et plus on étouffe les germes de guerre civile et de guerre étrangère ; sans pour cela occuper jamais et détourner de leurs travaux un plus grand nombre de citoyens qu'il n'est nécessaire , en proportionnant toujours ses opérations à ses ressources en argent , en armes et en subsistances. Quiconque veut être tranquille chez soi et prospérer , doit adhérer aux mesures qui tendent à lui procurer à jamais tous ces avantages : C'est dans cette double vue que je propose de rendre la garde nationale à ses travaux , et de renouveller d'ailleurs le principe constitutif de toute république , que chaque citoyen y est soldat quand la patrie est en danger.

Article XXIX.

Conservation des forêts nationales.

C'est un bien dont chaque nation n'a que l'usufruit ; elle le tient de ses ascendans , et le doit à ses descendans.

C'est son abri naturel contre la rigueur des saisons ; c'est le faste dont peut , à juste titre , s'honorer une grande nation républicaine :

pourrait-on d'après cela penser à les vendre, à les abatre et brûler pour la consommation ?

Notre consommation, elle est dans les mines riches de la terre, que la nature comporte diversement selon les besoins des hommes et leurs divers climats. C'est pour leur apprendre l'usage du feu, que dieu a fait éclore du sein de la terre de nombreux volcans ; c'est pour indiquer à l'homme ce qui lui est utile, que dieu a marqué la surface de la terre, par des signes certains qui lui font découvrir les richesses de son fond.

Notre consommation, elle est à la cime de ces arbres prodigieux que la nature féconde, et que l'art sait plier au gré de tous les besoins. Il est un terme que la nature comporte dans ce bienfait de la divinité ; c'est la vieillesse ou caducité de ces arbres croissans, et c'est celui où ils doivent être abatus et employés. Mais pour quel usage ? N'avons-nous pas des bâtisses à établir, une puissance maritime à élever, un commerce colonial à entretenir ? Irons-nous chercher des bois de construction, des merrains, des bois de charpente dans le Nord, d'où notre argent ne revient jamais, Lorsque nous pouvons diminuer chez nous cette sorte de dépendance ? Pourquoi dieu nous donne-t-il les moutons et les animaux de tout genre , si ce n'est pour nous nourrir, et nous vêtir contre le froid ? Le feu est-il donc une chose si saine , et voyons-nous les gens les mieux chauffés , être ceux qui vivent les plus vieux ? Réchauffons nos vieillards et nos enfans de notre sein brûlant d'amour pour eux , et ne consommons strictement que le nécessaire , soit en bois , soit en charbon, et nous pourrons nous dispenser de toutes coupes extraordinaires , et sur-tout d'aliéner ou engager le fond et les revenus de nos superbes forêts.

Article XXX.

Conservation et réparation de tous les monumens qui peuvent tendre à l'utilité , à la gloire et à la puissance de la République. Peut-on penser que l'homme ait reçu de dieu une intelligence estimable , pour en mépriser ou fouler aux pieds les fruits les plus précieux ? Mais en ne considérant même que son intérêt , n'est-ce pas à ses monumens de peinture , sculpture, &c. , que l'Italie dût sa prospérité ; à ses savans, à ses guerriers, à ses beaux arts, que la France dût sa gloire ; à ses flottes nombreuses , que l'Angleterre doit sa force ; à son intelligence active , probe et modérée,que la Hollande dût son crédit et son existence d'ailleurs précaire ; à ses mines et fabriques d'or et d'argent, que l'Espagne doit sa durée ? Lorsque nous pouvons réunir tout cela et rendre le tout utile à l'humanité, pourrions-nous en laisser échapper les occasions ?

Article XXXI.

Rigueur des principes à l'égard de l'émigration, et justification complette de la confiscation des biens des émigrés. Seul cas où les émigrés pourraient reprendre un droit légitime à leurs biens ; cas dont nos frères d'armes et nos administrations départementales, je l'espère, nous garantiront bien.

N. B. Je n'analyse point ici cet article en entier, parce qu'il serait trop long, et que d'ailleurs il ne touche directement que les acquéreurs des biens nationaux. Je n'ai point analysé non plus ma méthode pour la tenue des livres, parce qu'elle ne regarde point les ouvriers auxquels la présente analyse est destinée pour leur servir de catéchisme, et d'autant que ce travail n'intéresse particulièrement que les jeunes gens qui n'ayant point d'état, voudraient embrasser celui du commerce dont il est le premier pas. Au surplus ceux qui veulent en savoir davantage peuvent se procurer le fragment qui suivra, ou l'ouvrage en entier ; et j'espère du moins qu'ils ne me reprocheront point de ne leur en avoir pas donné pour leur argent.

(97)

ARTICLE XXXII et dernier.

QUESTION sur la liberté de la presse et des opinions.

SANS la liberté, l'on ne peut soulager le peuple et assurer les finances ; car on ne connaît point l'opinion publique, ni les réclamations : d'où l'on voit qu'un gouvernement sans opinion publique est un gouvernement sans gouvernement.

RÈGLES à cet égard pour le gouvernement et les particuliers.

DÉFINITION de la qualité distincte du factieux qu'il faut comprimer.

PLUS le citoyen acquiert d'importance dans l'état, ou d'influence dans le gouvernement, et plus il doit se défendre de participer à aucune association politique, à aucun rassemblement ; car un honnête homme, s'il n'a la prudence de s'isoler à propos, peut mériter des fers, la déportation, et même la mort, quoiqu'en servant à son gré la cause de la justice et de l'humanité, les républiques bien gouvernées ne souffrant pas de factieux puissans, ou de chefs de parti même pour faire le bien, et ne pouvant laisser d'autre point de ralliement qu'elles-mêmes ; au contraire lorsqu'un citoyen y est isolé dans ces républiques, ses opinions sont si sacrées, qu'il est de la nature de ce gouvernement de voir renverser plutôt

G

tout le corps politique que de se permettre d'opprimer ce citoyen pour ses opinions : en effet des opinions qui percent d'elles-mêmes , sans être appuyées par des factions , sont le symbole de la vérité, et il est de l'essence des républiques de ne jamais souffrir que la vérité puisse être étouffée ; car sans l'observation rigoureuse de ce principe , il ne peut exister ni liberté réelle , ni garantie des vertus républicaines.

Le devoir de tout citoyen , digne de porter ce nom , est de se réunir au gouvernement de son pays ; surtout quand il s'agit d'un gouvernement qu'il s'est donné , et qui le régit avec ordre, justice et dignité : mais son devoir est aussi de se réunir aux opprimés lorsqu'il s'agit de la part de ses chefs d'une tyrannie odieuse et longue contre laquelle chacun se récrie avec raison.

De là tous les périls de la liberté , et en pareil cas le citoyen le plus obscur est celui qui a le plus de droits de sonner pour son compte et sans aucune suggestion étrangère le tocsin du reveil républicain. Ce principe est fondé sur ce que l'état de république ne souffre point de chefs endormis sur le duvet acquis par les malheurs du peuple, et sur ce que les plus puissans , les plus hardis doivent toujours s'incliner devant les statues de la liberté et de la vertu.

Mais sur-tout la liberté est un instrument malléable qu'il est donné au gouvernement d'é-
tendre ou de resserrer, selon l'avantage général,
au gré de sa sagesse : Qu'espérer en effet d'un
corps humain dont la tête, dont la raison ne
commanderait pas à toutes ses parties ? Dieu,
en donnant à l'homme des facultés intellec-
tuelles si distinguées, a-t-il voulu qu'elles
fussent abandonnées et asservies au désordre
de toutes ses passions et de l'anarchie de la
matière qui est en lui ? C'est plus contre ces
désordres, enfans de la nature, que la société
s'est réunie, que contre les animaux féroces
dont chaque individu peut se garder lui-même.
Ce serait donc ôter au gouvernement la qualité essentielle de son institution, que de le
priver de la faculté d'ordonner et régler les
divers cerveaux qui, comme les divers bras particuliers, lui sont légitimement subordonnés :
mais aussi quand il agit à la charge d'un homme
vraiment conséquent, ce n'est point à lui à le
juger, et l'accusé doit être défendu et entendu
sans crainte et sans partialité devant un tribunal suprême institué par la nation pour les
causes d'un pareil genre : et pourquoi ce tribunal suprême ? C'est qu'il appartient à beaucoup d'hommes de rassembler sur les places
publiques quelques auditeurs oisifs, comme
le font les charlatans et les escamoteurs, mais

à très-peu d'hommes de changer par leurs écrits ou leurs opinions la face des empires ; d'où suit que ces premiers champions appartiennent de droit à la police , et les seconds à toute la nation.

Voilà donc en dernière analyse comme je définis la liberté et comme j'en demande l'extension. Celui qui la veut acquérir doit penser qu'elle est au bout d'un sentier hérissé d'épines, et bordé de précipices dans lesquels à chaque pas il s'expose à tomber. Le secret pour éviter les chûtes , c'est de payer d'un savoir et d'un merite réel ; sans quoi malheur aux ignorans et aux sots qui veulent trancher du savant et singer l'homme d'esprit ! Encore l'homme d'un vrai mérite n'est-il pas sûr de ne pas succomber sous l'effort de l'intrigue et de la calomnie ; aussi doit-il toujours être préparé à la mort, c'est-à-dire, être toujours juste , grave et digne de se présenter au dieu qu'il sert , et dont il doit recevoir le prix de ses efforts pour le triomphe de la vertu. C'est ainsi qu'en épurant pour sa part les mœurs par son exemple , le vrai républicain parvient à donner à la liberté et à la vertu ce caractère auguste et redoutable qui les fait retentir au sein même de la retraite la plus obscure et la plus isolée ; c'est ainsi qu'il parvient à donner à l'opinion publique ce caractère sacré de la verité et de la justice qui enchaîne le gouvernement lui même à la vertu et le retire des ténèbres, lorsqu'enfin il tend à se corrompre ou à se relâcher. Oui, voilà le gouvernement et la marche des républiques : malgré leur roideur apparente, ils forment l'état d'association le plus prospère, le plus libre et le plus doux, lorsqu'il est bien ordonné.

Le discours se termine par l'exposé de la morale politique qui convient aujourd'hui au peuple français.

N. B. Je viens de copier cet article sur la liberté politique des citoyens ce jour premier vendémiaire an VI, au bruit des canons qui retentissent encore en ce moment même au Champ-de-Mars pour célébrer l'établissement d'une république en France. Le tems est beau, et tout annonce que la fête sera magnifique : Quel dommage que je sois enrhumé ! mais patience, il vaut mieux moi, que la liberté.

Que dirai-je à présent sur un tel chapitre à des hommes qui sentent mieux que je n'écris? Je leur dirai que j'aimerais mieux être esclave d'un maître quelconque, que de mes passions, ou des préjugés qu'on a pu autrefois inoculer en moi, mais dont le bandeau a été levé depuis par la raison ; que la liberté politique est un bien précieux sans doute, mais que dépendant de bien des circonstances étrangères, il est moins honteux de le perdre, que de se réduire volontairement à la servitude des sens et des suggestions de l'opinion. Se vaincre soi-même, est plus difficile que de vaincre un ennemi : aussi le projet en est-il plus estimable, quoique moins éclatant ; mais le triomphe d'un grand cœur est d'allier la victoire de soi-même à la jouissance de la liberté politique ; ou, s'il ne le peut, de rester du moins dans sa servitude corporelle plus libre d'esprit que son maître.

Par contre, le comble de la lâcheté et de l'ignominie, serait d'attaquer un citoyen isolé, et sans armes ni factions, pour fait de ses opinions. Que tel homme que ce soit, se mette nud comme moi ; qu'il me combatte corps à-corps, et je dirai : il est brave cet homme, et digne de commander à ses concitoyens ; mais si, sans se désaffubler des attributs de son autorité, il combat renforcé de ceux-ci, alors je rentre dans le cas de celui qui avait joué avec un roi, et qui sur un doute survenu de la part de celui-ci touchant le gain de la partie, ne voulut pas qu'on appellât un tiers pour juger ; sire, j'ai perdu, dit-il, si vous faites juger la partie par autrui : ne voyez-vous pas que nul de ces messieurs ne prononcera en ma faveur parce que vous êtes roi ? Le roi apprécia ces raisons, et ayant mesuré lui-même avec soin , il reconnut qu'il avait perdu et le déclara ainsi ; j'en dis autant de quiconque me combattra armé de son autorité ou de sa réputation.

Je termine ce fragment par cette réflexion. Il serait possible qu'on me reprochât l'assurance avec laquelle je donne mes moyens ; car j'avoue que je le blâmerais moi-même dans autrui, et sur-tout que je censurerais cette confiance avec laquelle j'entre dans une matière aussi neuve qu'hérissée de difficultés. Mais il faut observer que , desirant faire à la nation une sainte violence pour la sauver, du côté de ses finances , je porte ici le défi formel à tous les financiers qui la régissent : or il ne conviendrait pas qu'un athlète entrât en lice pour le combat , avec la tête baissée et la crainte dans le cœur. Au surplus nous vivons en république ; et l'on peut , sans manquer à l'ordre, montrer aux autres nations la marche et le ton assuré que donne la liberté , et peut-être même la différence qu'il y aura de tout tems entre nos hommes libres et leurs médiocres rampans.

PROGRAME

D'un plan de régénération des finances et du commerce, soumis à la seconde classe savante de l'Institut national de France, par le citoyen Reys, le 2 messidor, 4me. année de la république une et indivisible.

LE plan a pour objet :

1°. De donner aux mandats une consistance générale ; sans avoir recours à aucuns moyens coërcitifs ni prohibitifs à leur égard.

2°. De prévenir la contrefaction des mandats et l'abus de leur émission, ainsi que d'en assurer les transports dans toute la république.

3°. D'éloigner les mandats de la classe ouvrière et de celle militaire, et de faire refluer le numéraire dans les campagnes, où il fructifie mieux que dans les coffres des financiers et des agioteurs ; mais de fixer, en numéraire, le prix de la journée de travail, suivant les besoins et les localités, sans qu'on puisse en éluder la loi.

4°. De faire cesser les embarras du commerce et le vide actuel de la circulation, par le rétablissement du crédit commercial, et par la création d'une caisse nationale, où se vérifieront et s'échangeront à volonté, soit les mandats,

H

contre une portion de numéraire et de cédules non forcées, ayant valeur territoriale de 1790, et portant intérêt à 4 pour 100 ; soit la même portion de numéraire et de cédules contre les mandats, ayant seuls cours forcé de monnaie : le tout proportionnément au cours des mandats librement et légalement constaté.

5°. De remettre l'administration de cet établissement en mains de capitalistes responsables, et d'hommes instruits et probes, capables d'en perfectionner l'utilité , en leur abandonnant l'intérêt d'une portion de cédules qui devra leur être confiée , à titre de salaire et indemnité.

6°. De rendre cette administration comptable chaque mois à la nation par bilan public, sous la surveillance médiate du gouvernement , qui ne pourra jamais remettre des fonds dans la caisse, moins encore y puiser , sans un décret solennel, qui démontre clairement que l'opération n'est pas relative à l'action du gouvernement , mais seulement à celle de cette caisse.

7°. D'arrêter la dilapidation actuelle des biens nationaux, et d'en organiser la vente au-dessous, s'il le faut, des estimations de 1790, mais payable soit en numéraire , soit en mandats au cours du jour fixé pour le paiement.

8°. D'assurer la récompense due aux défenseurs de la patrie, mais d'une manière digne à la fois des sentimens d'honneur qui les anime et de la munificence nationale , et sans nuire d'ailleurs au succès de la vente de toute espèce de biens nationaux auxquels les particuliers peuvent atteindre.

9°. De faire cesser sur-le-champ l'abus des opérations forcées auxquelles le gouvernement a le plus souvent recours , en tenant ses coffres garnis par une *taxe épuratoire* , qu'il dirigera et percevra en numéraire , à la charge des agioteurs et intrigans que désignera l'opinion publique , laquelle sera provoquée à cet effet en chaque municipalité.

10°. De faire payer en numéraire, ou en mandats au cours , les impositions directes et indirectes ; sauf à porter chacun ses réclamations à chacune des commissions de finances intermédiaires qui seront établies pour chaque branche, et qui en feront un rapport général au directoire exécutif , chargé d'en proposer le redressement au corps législatif, toutes les fois que les réclamateurs prouveront que leur réclamation est autant basée sur l'intérêt de l'état que sur leur intérêt particulier.

11°. De ramener les impôts à un pareil ordre et résultat , de manière à rétablir l'équilibre entre les recettes et les dépenses ordinaires ; et à fournir , selon les tems, aux besoins extraordinaires du gouvernement, sans cesser jamais d'avoir pour objet l'utilité publique , et sans s'écarter de la justice particulière.

H 2

12º. D'appeler en conséquence tous les ex-fermiers, régisseurs, receveurs, et employés généraux ou particuliers, et les gens instruits, à l'effet d'y choisir les plus propres à composer ces commissions de finances.

13º. De venir efficacement au secours des rentiers et propriétaires, et du gouvernement lui-même; en rétablissant l'ordre et la justice dans les recettes et paiemens à opérer, soit par le gouvernement, soit par les particuliers, qui compteront désormais d'après le cours public constaté du mandat, sauf à résilier respectivement les engagemens pris depuis l'introduction des assignats.

14º. D'ouvrir les bourses du commerce, d'en garantir et aider la liberté indéfinie; d'assurer enfin, par les loix, la validité de toutes les stipulations qui pourront être convenues soit entre marchands, soit entre particuliers.

15º. De faire fixer le cours public des mandats, des denrées et marchandises en gros, par courtiers sermentés, à ce préposés, et de l'afficher chaque jour à la bourse.

16º. De faire ouvrir et réparer tous les chemins et canaux propres à l'accroissement intérieur du commerce, et de lever tous les obstacles qui peuvent l'empêcher de s'étendre.

17º. De favoriser le cabotage maritime par des convois puissans, et d'encourager la course contre les anglais.

18°. D'affranchir le commerce en particulier de l'impôt du timbre, impôt immoral à son égard dans sa nature et désastreux dans ses effets.

19°. D'astreindre en revanche les marchands, et généralement tous manipulateurs ou traficans de matières d'or et d'argent, de deniers, denrées ou marchandises, au même ordre que celui à prescrire à tous administrateurs comptables du gouvernement, soit par rapport aux livres de commerce, soit par rapport aux livres de finances et d'administration.

20°. D'indiquer et démontrer, à cet effet, un ordre aussi clair qu'aisé à suivre, d'après lequel la mauvaise foi ou la négligence seraient aussitôt découvertes.

21°. D'imposer ensuite les commerçans et autres ci-dessus énoncés, selon la loi de l'égalité, d'après des règles sûres, en proportion de leurs bénéfices constatés exactement.

22°. D'atteindre de même les financiers, marchands ou intrigans ; de démasquer ceux-ci, à la faveur d'une commission d'inspection des livres commerciaux, commission responsable de tous ses membres, et chargée de préserver le public contre l'abus du crédit, en même tems que d'indiquer au gouvernement la somme et répartition de l'impôt commercial à lever.

23°. Enfin d'appeler pour la formation de cette commission les teneurs de livres, courtiers, et gens instruits et discrets, qui renonceront, en

faveur de leur place , à toute autre affaire particulière sous la foi du serment.

24°. De diriger du reste les impositions vers le
niveau républicain, à force de loix somptuaires,
mais de favoriser les grandes entreprises , le zèle
et l'industrie.

25°. D'obtenir enfin du directoire exécutif un
prompt inventaire général , et un bilan national,
dans les six mois qui suivront l'année précédente , afin de mettre le public à portée de juger
des améliorations successives , ou des remèdes
à apporter dans les maux qui ont pu ou pourraient encore peser sur lui.

26°. De rendre la garde nationale à ses travaux , mais d'augmenter considérablement la
gendarmerie nationale , en hommes disciplinés
et vieillis sous les armes , sauf à mettre en réquisition jusqu'à la paix tous les anciens militaires valides , qui ne présenteraient pas des
réclamations fondées pour s'en exempter.

27.° D'augmenter la paye de ce corps , qui
doit être la retraite du soldat expérimenté et
le poste de l'argent, comme les frontières sont
l'arène de la jeunesse et le poste de l'honneur.

28°. D'employer ce corps particulièrement
pour la police des villes , mais plus particulièrement encore pour celle des campagnes qui me-
nacent ruine sans cette mesure ; ainsi que pour
les convois militaires et contre les déserteurs.

29°. De conserver nos forêts nationales, autant comme la ressource de notre marine épuisée, que comme un luxe digne d'un grand peuple agricole.

30°. De conserver et réparer tous les monumens qui peuvent tendre à l'utilité, à la gloire et à la puissance de la république.

31°. De fixer les principes et les idées sur les lois qui concernent l'émigration, et sur la justice de la non admission future en radiation des listes d'émigrés.

32°. Enfin de poursuivre les factieux, mais d'étendre la liberté.

Discours préparé pour la seconde classe de l'Institut.

Citoyens savans,

Je vais, puisque vous le permettez, vous faire lecture du projet d'un plan complet de régénération des finances et du commerce. Sans doute l'importance et l'urgence de l'objet commandent l'attention ; mais je ne puis me dissimuler que le peu de succès de ceux qui ont entrepris jusqu'ici d'en traiter, inspire la méfiance. Quoiqu'il en soit, j'ai, cette fois, l'avantage de m'adresser à des hommes aussi zélés que savans ; ce m'est un sur garant que si je parviens à les intéresser, ils ne se borneront pas à des vœux stériles, à de fastidieuses félicitations, comme l'ont fait, en 91, les assemblées fédératives du cercle social et des jacobins, à l'occasion d'un ouvrage de cette nature que je leur adressai à cette époque ; et sur lequel l'une d'elles s'exprime ainsi, au rapport de l'abbé Fauchet, dans le dixième numéro de son journal intitulé : la Bouche-de-Fer, et daté du 24 janvier 1791.

« M. Reys-Héron, (1) l'un des membres de

---

(1) C'était ma raison de commerce avant mon divorce d'avec la citoyenne Héron, avec laquelle j'étais alors établi à Dunkerque. —

» notre assemblée fédérative , nous a commu-
» niqué un discours sur l'agiotage des assignats ;
» ses causes, ses effets et les moyens d'arrêter
» ce brigandage. Si cet ouvrage n'était pas trop
» étendu et chargé , comme il doit l'être , de
» théorêmes et de calculs , nous nous serions
» empressés , conformément au desir de l'au-
» teur , d'en faire lecture dans cette séance :
» le mérite d'une si intéressante composition
» ne peut être bien saisi que par une médita-
» tion attentive ; et la matière est trop ab-
» straite , quoique parfaitement traitée , pour
» qu'on puisse se contenter d'une lecture ra-
» pide , qui ne permet pas l'examen réfléchi
» des combinaisons. Nous nous bornerons donc,
» si c'est le vœu de l'assemblée , à applaudir au
» zèle de M. Reys-Héron , notre collègue , et
» à faire des vœux pour que les comités de l'as-
» semblée nationale , qui s'occupent des finan-
» ces , prennent en grande considération un tra-
» vail aussi important.

» L'assemblée a voté des félicitations à M.
» Grégoire (1) et à M. Reys-Héron. »

---

(1) M. Grégoire, alors évêque de Blois, et président de
l'assemblée constituante, aujourd'hui encore membre du conseil des cinq cents, et de l'Institut national , avait adressé
à la même société un ouvrage sur la légitimité du serment
civique exigé des fonctionnaires ecclésiastique, et sur les

Quant à l'autre rapport, il fut fait aux jacobins, le 22 avril suivant, par l'organe du député Constantini, sous la présidence du député Alexandre Beauharnais. Les quatre commissaires nommés à cet effet s'y expriment ainsi : « Messieurs, la lecture du plan de M. Reys-» Héron, pour anéantir l'agiotage sur les assi-» gnats, et dont vous nous aviez chargés de » vous faire le rapport, *nous a fourni quelques* » *idées* propres à obtenir cet effet salutaire. » Après quoi, les commissaires substituent à mes moyens, *leurs idées*, qui n'étaient autre chose qu'un fragment incomplet et dénaturé des miennes, fragment dont la société ordonna l'impression ; mais que je ne rapporterai point ici, attendu que mes moyens, dont il est formé, doivent être reproduits succinctement dans cet ouvrage, pour la prospérité des mandats ou de tout autre papier-monnaie qui pourrait être encore substitué aux assignats.

Tels sont, vous le voyez, les moyens par lesquels on se dispensait alors de tout travail pénible : on les employait sur-tout à l'égard des travaux de finances, qui procurent en général peu de gloire, quoiqu'ils exigent beaucoup de génie, d'ordre et d'expérience de la part de

---

vrais principes de la religion et de la société. C'est à cette occasion que mon nom se trouve ici accolé au sien.

ceux qui s'y livrent : aussi à quoi en sommes-nous réduits, après avoir épuisé presque entièrement des ressources qui auraient dû être inépuisables, ou du moins reproductrices de la plus haute prospérité?

Pour moi, citoyens, je n'aspire ni à la gloire, ni à la fortune ; je ne suis préoccupé que de l'intérêt général, et du danger imminent de ma patrie ; mais mes efforts seraient encore vains, si vous ne m'accordiez et vos conseils et votre appui.

Développemens du Plan.

A l'appui des trois premiers articles du programme, je crois que, pour parvenir à donner aux mandats une consistance générale, il convient d'abord d'examiner les causes de leur discrédit.

C'est par où je commençai en 90, lorsqu'à cette époque je proposai, dans le mémoire dont est question ci-dessus, de semblables mesures qui avaient le même but à l'égard des assignats.

Je les trouvais ces causes, principalement dans le vice de leur division, qui ne se divisait point assez d'abord ; en effet, le gouvernement en avait créé pour 800 millions, et les avait divisés, savoir ;

400 millions en assignats de 2000 l.

220 millions en assignats de 500 l.

180 millions en assignats de 100 l. à 50 l. Ce qui était un vice radical, cause première de leur discrédit ; et ce que je démontrai par des raisonnemens aussi simples que justes, et vérifiés depuis. Mais je n'avais alors aucune recommandation près du gouvernement ; je n'étais point à Paris pour faire les démarches nécessaires ; et mes représentations à cet égard restèrent sans effet, jusqu'à ce que la nécessité, s'étant fait sentir, l'on tomba dans l'excès contraire d'une division trop multipliée, que mon mémoire tendait à prévenir aussi.

Aujourd'hui enfin j'ai l'avantage de vous être présenté ; mais dans quel moment, hélas ! dans celui où la régénération des finances et du commerce de France est devenu un problême que nul en Europe n'oserait se flatter de résoudre. C'est donc ici plus le courage que la science qui me met la plume à la main. Voyons cependant encore les causes du mal ; mais voyons-les en perspective et par notes ; car je n'ai plus le tems de composer un ouvrage.

L'obstacle à la circulation des mandats ne serait-il pas encore à-peu-près le même qu'à l'égard des assignats ? A-t-on divisé ce papier-monnaie suivant la règle admise pour l'argent monnoyé, c'est-à-dire, de manière à multiplier les moindres sommes désignées dans le dividende général, en proportion des besoins journaliers de la population ? A-t-on fait plus de petits mandats que de gros, comme l'on fait plus de gros sous que d'écus, plus d'écus que de louis ; ou bien a-t-on encore suivi l'usage observé pour les lettres-de-change non forcées, et pour toute espèce de contrats de crédit non circulable, qui est de s'engager réciproquement en fortes sommes ? Dans ce dernier cas, il ne faut pas s'étonner que leur émission soit accueillie selon l'utilité qu'elle procure, et que les affaires éprouvent aujourd'hui l'entrave et le vide auxquels la division des mandats les condamne.

Or, la division des mandats est encore vicieuse : mais elle l'est sur-tout et le sera davantage par les excès contraires dans lesquels elle est établie, ou qu'on s'était d'abord proposés : en effet, tantôt c'est une pièce de 500 liv. qu'on offre au public ; tantôt ce devait être un papier-monnaie de 20 s. qu'on allait exposer à la pluie, au vent et à la graisse dans les mains de l'artisan. Etions-nous donc pauvres en 82 et en 83, lorsque nos liards ne valaient qu'un liard, et nos louis 24 liv ? Sommes-nous devenus riches, depuis que par l'excès dans la division

de nos papiers-monnaie , les liards furent con-
vertis en pièces de 10 sous, et les louis en pièces
de 500 , 2,000 et 10,000 liv ? C'est pourtant par
de telles inconséquences qu'on a livré exclusivement à l'agiotage des pièces de papier-monnaie qui n'étaient plus propres au commerce
journalier de la multitude ; et c'est par de tels
moyens qu'on a dérangé tout-à-coup, depuis
un an seulement, les calculs et la balance intérieure qui , au grand avantage du commerce ,
s'étaient réglés , en dépit des manœuvres des
agioteurs , sur les besoins de la circulation,
comparés avec les progrès de l'émission.

Que si l'on me dit : c'est pour ménager le
papier qu'on en a usé ainsi , je réponds : ménageons le papier par une bonne administration ,
qui nous exempte désormais d'avoir recours à
de nouveaux papiers-monnaie ; mais ménageons
aussi les biens nationaux qui se sont acquis et
s'acquièrent encore pour rien , graces à cette
économie de papier : enfin prenons un milieu en
ceci comme en tout , et nous trouverons encore
une économie de papier , ainsi que du tems des
ouvriers qu'on emploie à cette fabrication.

Rien n'est donc plus délicat , et rien ne demande plus d'attention que la division des mandats , si l'on veut arrêter et prévenir leur dépréciation , en même tems que leur faire faire
le service de la monnaie.

Mais pourquoi se priver sur-tout d'augmenter nos ressources et nos richesses, par la circulation ardente de ce qui nous reste de numéraire? Quoi! l'or, l'argent, au poids desquels se pèse l'univers, ces métaux productifs et reproductifs, source de corruption, il est vrai, mais enfin source et principe après tout de tous nos besoins, nous les repoussons, ou bien nous les confinons dans les coffres des financiers avares qui les rendent infructueux à la circulation, en les consignant entre eux pour l'usage seul de la dépréciation des ressources du gouvernement et de la nation, sur les débris desquels ils prétendent élever exclusivement leur fortune! Non, non; il faut faire sortir ces richesses des tanières où elles sont enfouies : les agioteurs nous les vendront cher, il est vrai; mais nous retrouverons ceux-ci.

Le moyen d'y parvenir, c'est de faire refluer dans la classe ouvrière et militaire ces richesses cachées; c'était aussi l'objet de mon mémoire de 1790. J'y calculais qu'alors la journée commune de l'ouvrier étant de 30 s. et sa semaine de 9 liv. en numéraire; que le prêt du soldat étant moindre de cette somme, on pouvait les garantir tous deux de recevoir et de maudire les assignats, en ne faisant pas de papier-monnaie au-dessous de 10 liv.

D'autre part, au moyen d'une ristorne de

finances ; s'il arrivait que l'un ou l'autre se trouvât un papier-monnaie de 10 liv. je lui en faisais encore l'échange en numéraire, à la faveur d'une caisse inépuisable, où le gouvernement n'était pas tenu de fournir un sol pour cet échange. Mon secret pour cela était de profiter du vice de la division des assignats ; et d'offrir à un chacun d'échanger ceux de 2,000 l. 500, 400 ou 200 liv. en bons départementaux de 10 à 100 liv. divisés de manière à tout réparer ; seulement à condition de consigner à la caisse un dixième en numéraire de la somme à échanger ; sauf à le reprendre de même à volonté, lorsqu'on voudrait reprendre un assignat ou plusieurs de même somme que ceux consignés.

De même, à la faveur de cette caisse, je faisais vérifier et timbrer les assignats, de manière à en arrêter ou prévenir la falsification.

De plus, je faisais assurer les envois conséquens d'assignats, par des escortes militaires.

Enfin je demandais que le Gouvernement déclarât qu'il ne créerait jamais plus de 1200 millions d'assignats, en rendant les commissaires exécutifs responsables et comptables à cet égard ; car, disais-je, la création d'un papier-monnaie serait une immoralité contagieuse et oppressive, si elle pouvait, si elle devait jamais avoir d'autre destination, que d'activer la circulation,

lorsqu'elle

lorsqu'elle est engorgée. En effet, quand la circulation va bien, le gouvernement n'a-t-il pas
toujours la ressource morale de l'impôt ?

C'est ainsi que je prévenais, non-seulement
les mauvais effets de la division des assignats et
les dangers de leur émission dans la classe ouvrière et militaire, mais encore le discrédit dont
l'agiotage menaçait déjà ce papier et l'abus de
son émission. C'est encore ainsi que je dégageais
modéremment la circulation des entraves que
lui faisait éprouver le vide du numéraire, et
que je donnais d'ailleurs à l'assignat la même
importance qu'à l'argent, en le faisant escorter
militairement, lorsqu'il s'en faisait des envois
par le gouvernement.

Il ne s'agit donc aujourd'hui que d'user de
moyens à-peu-près semblables ou équivalens,
à l'égard des mandats, pour leur donner la
consistance que l'imprévoyance leur a fait perdre
dès leur origine, sauf à se régler par rapport
aux assignats restans, suivant que la prudence
et le bon sens l'indiquent assez, afin d'éviter
la multiplication et complication des signes monétaires.

Alors, les mandats seront plus particulièrement destinés pour suppléer le vide du numéraire, soit dans le commerce, soit dans les
coffres des financiers, soit dans ceux des propriétaires, ainsi que toute création de papier-

B

monnaie a ce but pour objet, et qu'on ne doute pas qu'ils en viennent là, car ce serait supposer que nous sommes tous excessivement riches ; que les affaires sont brillantes, et que nous pouvons déjà payer nos impôts en numéraire, sans le secours des mandats.

Ne vous étonnez donc plus de voir le papier-terre tomber, toutes les fois que vous le jetterez à la tête de celui qui ne peut acheter terre ; car ainsi va le monde, ainsi vont les finances ; chaque fois que les sources et la destination des choses sont détournées, il n'en résulte bientôt que désordre et chaos.

Je dis au reste de faire refluer l'argent dans les campagnes. Ceci s'entend assez ; car les campagnes fournissant en grande partie aux besoins des villes, c'est en tant de portions divisées, qu'on ne les payerait guères autrement qu'en numéraire. Mais si les hommes suivent l'argent, où est-il le plus intéressant que les hommes se portent en ce moment, si ce n'est dans les campagnes qui ont besoin de tant de bras ?

Que si l'on me dit : l'on ne fera plus travailler, je nie le fait et dis seulement : l'on travaillera à meilleur marché, et l'argent de nos financiers, faute de devenir la mnie creusée sous les pas du gouvernement, se portera vers le perfectionnement des manufactures. Voilà la source des richesses d'une nation agissante et commerçante. Au surplus, que les travaux se portent moins vers le clinquant, qu'ils soient tournés pour quelque tems vers l'utile, ce n'est pas là un grand malheur, et c'est même une conséquence nécessaire de la chûte de la royauté, qui porte les rois et leur suite à s'affubler très-sérieusement de hochets, et les sujets de leur royaume à les imiter ; d'où suit que l'on peut aujourd'hui peut-être, adresser aux français ce discours laconique : Changez et réfléchissez, ou mourez de faim ; c'est votre devise.

Enfin, il faut en convenir, une dernière réflexion, une objection que je me fais, m'assiége et m'importune moi-même, lorsque je porte le Gouvernement à cette opération ; c'est que l'ouvrier lui-même, à qui je prépare ce bienfait, se corrompt aujourd'hui avec une rapidité incroyable.

En effet, de même les marchands accoutumés depuis l'introduction des assignats, à ne vendre qu'à gros bénéfice, pour ne pas perdre, suivent encore cette routine en ce moment, même en vendant en numéraire ; de même l'ouvrier, accoutumé à calculer ses gains, d'après la perte des assignats, préfère encore, comme lors des assignats, de ne pas travailler, même en numéraire, plutôt que de ne pas gagner gros. Ainsi la corruption s'introduit, à grands flots, dans cette classe précieuse de la société, et la dépravation générale en va devenir la suite.

Il en résultera bientôt que les uns, (les marchands) ne vendront plus, et les autres (les ouvriers) ne travailleront plus ; que le vide réel du numéraire fera ressentir par-tout la misère la plus affreuse, sans même qu'on pense et qu'on puisse penser à y suppléer par les mandats ; que l'esprit d'égoïsme et de friponnerie sera plus insuportable que jamais, et que ceux qui possèdent pourront seuls soutenir la lutte de l'intérêt particulier contre l'intérêt général ; que l'ouvrier ne la soutiendra pas, et que le gouvernement ne pourra pas la soutenir non plus.

Il en arrivera enfin les troubles et les malheurs inséparables de la trop grande misère publique ; il en arrivera des factions de tout genre, qui promettront tout et ne sauront tenir rien. Enfin le soldat indécis, ou las de tuer ses frères, contre l'ordre de la nature et de la société, abandonnera ses armes, ou les tournera contre le gouvernement.

Il n'est pas besoin de dire qu'alors les proscriptions et les recherches de toutes les fortunes, bien ou mal acquises, seront le seul recours, comme le seul moyen qui restera à la faction qui l'emportera ; car l'argent fait tout ; et le plus grand fléau, sans doute, est celui de la misère ; lorsqu'elle cherche l'argent avec acharnement.

Cette réflexion seule suffirait pour faire sentir au Gouvernement, la nécessité de s'occuper sérieusement des finances et du commerce, avant que toutes ses ressources ne fussent épuisées. Mais pour ne pas rendre vains ses efforts, il faut qu'il commence par attaquer le mal dans sa racine ; il faut que si d'une part il fait refluer le numéraire dans le peuple, il taxe en revanche, d'une manière assurée, le prix des journées de travail, ainsi qu'on taxe la paye du soldat, suivant les besoins et les localités ; et suivant même le vide réel survenu, malgré des apparences trompeuses, dans le numéraire de France ; en faisant bien connaître aux ouvriers ses motifs par une proclamation ; en leur prouvant enfin, que s'il les taxe ainsi, c'est qu'il les aime. Alors l'ouvrier, en recevant d'une des mains du gouvernement le bienfait, recevra de son autre main, la charge qu'il ne recevrait pas plus tard, si l'on attendait que la corruption et la dépravation fussent introduits dans son sein, de manière à ce qu'il ne voie plus clair, même dans ses intérêts. Enfin, par ma mesure, les paresseux se feront soldats et prendront de l'activité au bataillon ; par le cours actuel des choses, au contraire, les soldats se feront paresseux et déserteront pour venir vivre à l'aise, sans beaucoup tra-vailler. Par mon systême, les plus avides se feront corsaires, et repeupleront ainsi notre marine. Par le systême contraire, les matelots quitteront la mer pour devenir de mauvais ouvriers.

C'est ainsi seulement que, sans craindre les ouvriers, l'on usera envers eux d'une rigueur nécessaire, avec l'encouragement et les ménagemens qui seront dus à leur gêne momentanée. C'est ainsi qu'on conservera l'édifice constitutionnel qui écraserait tous les vrais français, s'il venait à s'écrouler dans ces momens là, de manière ou d'autre ; chûte inévitable, pourtant, si le gouvernement ne met sur-le-champ un ordre imposant dans ses finances.

Passant au IVe. article du programme, il ne suffit pas même de rétablir cet ordre ; car les finances ne sont rien sans le commerce qui en est l'aliment. Il faut donc encore, par des moyens efficaces, rendre au commerce son lustre ancien, en y ramenant les anciennes règles prospères, l'ancienne bonne foi et l'ancien crédit. A l'égard de celui-ci, si vous usez d'expédiens convenables, vous verrez bientôt une foule d'engagemens réciproques circuler : vous verrez renaître enfin cet agio respectable, d'après lequel le commerçant est estimé au poids de son aisance ou de sa probité ; mais vous ne le verrez ainsi qu'autant , toutes fois, que vous ôtiez par les lois , tout prétexte à cette défiance générale, qui fait la principale tache qu'on ait causée à la révolution glorieuse de la liberté.

En attendant, ne croyez pas sur-tout que vous puissiez , que le gouvernement puisse, de quelque tems encore, se passer de mandats. L'argent n'est point assez commun pour que le gouvernement , pour que chacun enfin puisse suffire, avec ce qu'il en a , à ses affaires ordinaires , indépendamment de ses besoins journaliers ; le crédit commercial est encore dans son berceau , ou plutôt il est nul ; car que peut être le crédit entre des citoyens qui se sont tour-à-tour manqué de foi , ou dont la probité n'a point eu d'occasion de se faire connaître ?

Ne croyez pas non plus qu'il suffise d'assigner aux mandats un cours arbitraire convenu, pour leur faire faire le service du numéraire : ainsi la proposition faite de prendre pour type de leur valeur, le prix de la contribution en bled, n'est autre chose qu'une complication de plus, qui en repousse même l'usage, et qui en arrête davantage l'écoulement , quand on n'a pas de bled à payer.

Bref, il faut au gouvernement, il faut au commerçant des mandats pour suppléer le vide du numéraire ; mais il les leur faut, ayant une valeur d'opinion libre , quoique leur cours soit forcé ; il les leur faut échangeables à leur volonté , contre une valeur absolument fixe ; et c'est ce que je vais proposer , en invitant le gouvernement à créer une caisse d'échange et des cédules.

L'on me demandera peut-être , avant tout , ce que j'entends par cédules ; je demanderai à mon tour ce qu'avait entendu le conseil des cinq cents , par le même mot contenu dans un plan de finances , qu'il soumit au public , en brumaire dernier. Pour moi , je conçois que , lorsque le roi d'Espagne rend une cédule royale ; que le ministre de nos finances parle de cédules territoriales , on entend de part et d'autre » ordonnancer les lois ou les paiemens «. Ainsi ordonnancer sur les domaines nationaux ; c'est , je crois , assigner sur les domaines nationaux , c'est mander sur les domaines nationaux ; c'est donc un changement de terme et rien de plus. Au surplus , c'est par respect pour le plan du conseil des cinq cents , bon alors en lui-même , et rejeté sans réflexion , que je conserve ce mot , suivant le sens que j'y prête.

Or donc , échanger des mandats contre une portion de numéraire et de cédules , c'est réunir à-la-fois et diviser le papier - terre en parties proportionnées aux besoins supposés de celui qui a recours à cet échange ou division pour vivre, et qui a cependant besoin de la rente de son fonds, pour pourvoir encore à ses besoins futurs ; et cette rente, sur quoi la faire, si ce n'est sur le fonds même que la nation prête au gouvernement pour l'aider à la diriger. C'est donc sur le produit des domaines nationaux que doit se reproduire, en faveur de la nation, un avantage qui vienne au secours des plus ou moins aisés, proportionnément à leurs droits au fonds général affecté ; droits à eux acquis parce qu'ils ont reçu des mandats à titre de numéraire qui leur était dû.

Il ne s'agit plus ici que d'examiner et calculer ce que l'état peut faire en argent dans cet échange, ce qu'il doit faire pour rendre cet échange fructueux ; où, s'il peut s'en rapporter à l'intérêt particulier que chacun aura à échanger ses mandats, pour établir la caisse inépuisable en numéraire et cédules, qui doit accomoder tous les partis.

Mais j'entends déjà les commerçans s'écrier que cette création n'a en vue que l'intérêt des rentiers et propriétaires, possesseurs de mandats, et non celui du commerce ; en ce que ceux-là seuls profiteront de l'intérêt de 4 pour 100, adjoint aux cédules, tandis que les commerçans le négligeront, soit en raison de sa modicité, soit parce qu'ils ne peuvent guères avoir recours à de pareils échanges journaliers, eux qui sont forcés d'avoir continuellement en caisse des sommes claires pour répondre à chaque instant à leurs affaires ou à leurs engagemens.

A cet égard, ils se trompent ; car cette caisse d'échange établit en même tems une balance perpétuelle de la circulation, qui fait que jamais la circulation ne comportera plus ni moins de signes représentatifs du numéraire, que la juste portion dont elle a besoin pour son essor ordinaire. C'est donc à-présent qu'on n'entendra plus dire : le papier est trop commun ou trop rare ; car il n'en circulera qu'en proportion des besoins du commerce : or, les affaires, qui ne sont pas forcées par un besoin impérieux de se procurer ou de se défaire de son papier, sont les seules solides et fructueuses ; elles gagnent au reste et s'étendent toujours avec une gradation douce et réfléchie, quand le gouvernement ou des établissemens particuliers savent garder ou produire cette juste mesure, entre les émissions monétaires et les besoins publics, à l'égard du numéraire ou de son signe représentatif.

Au reste il est juste, à l'égard des particuliers, et utile à l'égard du crédit des mandats, que leurs possesseurs éprouvent qu'ils ont autant et plus d'avantage et de sureté à traiter avec le gouvernement, dépositaire de leur confiance, qu'avec de simples particuliers : Or, les mandats ou les cédules qui les représenteront , sont , dans les mains de tous les citoyens qui les possèdent , la monnaie courante ou les contrats de rentes représentatifs d'un objet , dont ils peuvent exproprier la nation à leur volonté ; il est donc de droit qu'ils jouissent de l'intérêt de cet objet , s'ils le laissent au gouvernement qui en recueille les fruits.

Que si l'on me dit : le gouvernement ne tire pas lui-même 4 pour 100 de ces biens , comment peut-il payer cet intérêt ? Je réponds : comme leur masse générale est de beaucoup supérieure à la portion qui suffit à l'hypothèque des mandats et cédules , lorsque cette masse sera bien administrée, elle produira au gouvernement beaucoup plus que l'intérêt de 4 pour 100 exposé pour la portion de cédules émises.

De plus , comme ces biens ne sont pas au gouvernement , mais à la nation entière , il est juste que la nation recueille en nature le produit des avances qu'elle a faites en nature au gouvernement ; comme il est de l'essence d'un bon gouvernement de n'user d'aucuns biens nationaux, et de n'imposer jamais , sans des moyeus sûrs de reproduction en faveur de la masse générale qui lui confie ses intérêts : sans quoi , nous verrions bientôt tous les domaines anciens et les biens nationaux passer des mains des hommes puissans qui les ont abdiqué de fait par

leur émigration, dans celles d'autres hommes puissans : lisez , à cet égard , Marmontel dans sa
préface de la *Pharsale de Lucain*. Certes , je
suis bien éloigné d'attribuer à nos législateurs
actuels les intentions qui y sont attribuées aux
sénateurs romains ; quoique plusieurs d'entr'eux,
en attestation de leur foi à la république, en
ont fait, dit-on, quelques acquisitions ; mais
ils peuvent être suivis par d'autres qui, pour
preuve aussi de leur attachement à la république , s'en distribuaient tous les biens léga-
galement.

La nation n'aura plus besoin de ces preuves-là ;
elle connaît sa propre force , et sait que ce n'est
pas en mangeant son bien en faveur de quelques individus puissans , qu'elle augmente sa
puissance. La nation demande donc à les conserver ses biens , elle paiera pour cela: elle ne
veut pas même de la loi agraire , autrement
dite loi de gaspillage , quoique les biens natió-
naux lui soient acquis à juste titre : mais si
le peuple, si le soldat usent à cet égard d'une
heureuse et fertile modération , ce n'est pas
pour autoriser d'autre part une dilapidation dé-
sastreuse , en faveur peut-être de quelques-uns
de leurs tyrans futurs. Enfin la nation est une
tutrice pleine de candeur, mais d'énergie, qui
veut assurer et garantir à ses mineurs leur liberté
naissante contre tous les événemens, à la faveur

d'un fonds sacré et par elle acquis avec courage ;
ou si elle permet d'en user , ce ne peut être
que pour son plus grand avantage , ou pour
alléger son fardeau , lorsque l'impôt indispensable à percevoir sur elle passerait sa force ,
et l'empêcherait ainsi de fructifier dans la masse
générale des intérêts particuliers.

Quant au législateur , l'homme probe et dont
je fais cas, est celui qui se retire du sénat aussi
pauvre , ou dans le même état qu'il y est entré.
Je dis au surplus, comme l'abbé Raynal : la
nation doit au gouvernement une sorte de sou-
mission , si elle veut jouir de sa tranquillité et
sureté ; mais le gouvernement doit tenir du libre
vœu de la nation les ressources pécuniaires
qui doivent servir à la gouverner ; autrement
J. J. Rousseau aurait raison de dire qu'une nation qui se nomme un chef ou plusieurs représentans se donne des maîtres absolus.

C'est ce qu'a très-bien senti le conseil des
cinq cents, lorsqu'il soumit à la nation en brumaire dernier son plan de finances , avant de
le décréter ; il le devait ainsi , et c'est sur-tout
par un plan général mûrement médité et dis-
cuté dans le secret ; c'est par un plan présenté
ensuite avec candeur au jugement du public ,
qu'on peut acquitter sa dette ; d'où résulte encore que si par supposition le plan que j'expose
aujourd'hui se trouvait de nature à être suivi

régulièrement en totalité , le corps législatif ne pourrait le décréter et faire exécuter de sa pleine autorité , sans s'écarter de ses devoirs et de la décence dont il fait profession à l'égard de ses commettans ; mais c'est trop discourir sur une vérité sentie par tous les amans de la liberté. Reprenons l'échange desmandats.

Le proportionner selon le cours public, n'est-ce pas discréditer ce papier; ou bien cela n'est-il pas injuste ? ni l'un, ni l'autre. D'abord, quand le cours est réciproque entre le gouvernement et lés particuliers , il est nul dans ses effets , par rapport au gouvernement qui reçoit comme il paie et *vice versâ*.

Secondement le cours sera forcé de s'améliorer lorsque le paiement des impositions retirera un équivalent de numéraire ou de mandats ; tous deux faisant un service d'utilité publique déjà démontré indispensable.

Troisièmement enfin , quand il serait possible que le cours empirât encore , ne voit-on pas que ce serait un moyen bien sûr au gouvernement , qui pourra désormais se passer rigoureusement de mandats, de les retirer à mesure à bon marché, et de remplir ainsi la foi de ses engagemens.

Mais voilà ce qui choque , car on prétendra que le gouvernement n'aurait point alors rempli ses engagemens ; voyons.

Le gouvernement offre au cours des cédules

territoriales valeur territoriale de 1790 , contre
des mandats qu'il a émis , il est vrai , en même
valeur , mais qui ont cessé de la porter aussitôt
qu'ils sont devenus papier-monnaie forcé : en
effet à cette époque, le mandat ne fut plus représentatif d'une valeur spéciale et fixe de 1790 en
terre ou domaine ; il est devenu représentatif
de toutes choses , et ce sont ces choses qui en
ont fait le prix , soit selon leur rareté ou abondance , soit selon l'opinion favorable ou défa-
vorable survenue à l'égard d'un papier-terre
devenu papier-monnaie, papier-marchandises et
papier-tout.

Or, qu'a de commun la vacillation de l'opinion ,
avec la valeur réelle de l'affectation territoriale ,
si ce n'est que cette vacillation força le gouvernement à émettre plus de signes de monnaie,
sans émettre pour cela plus de valeur réelle? C'est
donc cette valeur réelle qu'il s'agit de restituer,
d'après les règles de la justice fixées par l'opinion même , en raison de cet excédent d'émission forcé par cette vacillation. Ainsi si le gouvernement remet au particulier moins de terres
pour ses mandats, c'est que celui-ci a reçu plus
de mandats pour son argent. Que peuvent exiger
de plus les citoyens? Le gouvernement les remet
au même état qu'ils étaient en réalité , au même
état enfin qu'ils se sont mis eux-mêmes.

Voilà l'effet de cet échange au cours , contre

du **numéraire** et des cédules, cédules qui auront valeur d'argent dans l'acquisition des terres, cédules enfin que le gouvernement et qui que ce soit ne sauraient plus altérer, puisqu'elles représenteront plus de terres, en proportion que l'argent représentera plus de valeurs. Voilà aussi la justification de l'opération concernant l'échange des assignats contre les mandats qui ont été distribués à raison d'un pour trente, c'est-à-dire, en proportion relative avec l'émission réelle des assignats ; ce qui était de justice d'après tous les calculs et toutes les loix. Si je ne puis mieux justifier au reste le gouvernement, c'est que je ne sais pas mieux ; puisse mon opération se justifier d'elle-même à son tour, et n'avoir pas besoin pour cela d'un aussi foible interprête. Mais voyons ma caisse d'échange.

Saisit-on maintenant par les articles V et VI du programme combien les moyens proposés y doivent donner de faveur et de confiance ? D'abord la dilapidation ne saurait se présumer de la part de ceux qui ont des biens suffisans pour en répondre ; puis, les lumières des hommes probes qui y seront appelés donnent un poids de plus à un établissement public dont on doit tirer grand parti ; de plus, l'on ne se verra point prêt à lutter contre le gouvernement, puisque l'administration ne lui est comptable que de sa fidélité et non de sa direction.

Mais

Mais , dira-t-on , y appeler les capitalistes , banquiers , financiers &c. , c'est y appeler le discrédit, c'est s'exposer à engraisser ces vampires du fruit de leurs opérations qu'ils dirigeront avec d'autant plus de sureté. Quel discrédit peuvent-ils y produire ? c'est le cours public libre et légalement constaté qu'on y suit. Qu'elle fortune peuvent-ils faire ? ils ignorent le jour quelle sera la chance du lendemain : au reste s'ils la prévoient, qu'en résulte-t-il , si ce n'est que leurs opérations calmeront le mouvement , en ce qu'ils agiront par intérêt en sens contraire du mouvement prévu ? Leurs opérations , dans ce cas , seront donc utiles ; car rien n'est plus utile que de rendre le change aussi fixe qu'il est possible. Or à cet égard les administrateurs et le gouvernement lui-même concourront à fixer ce mouvement et à le rendre insensible ; ce qui tendra à rendre toutes les branches stables et le commerce riche , en anéantissant ainsi , faute d'un intérêt majeur , le métier exclusif d'agioteur. Au reste, les administrateurs peuvent se servir de leurs propres fonds , mais jamais puiser au fonds public de la caisse. C'est donc dans la bonne organisation de la caisse qu'on doit pourvoir et parer à tous inconvéniens. Après cela , qu'importe à la nation qu'une foule d'imbécilles d'imitation fassent d'abord dans cet agiotage , ce que font les imitateurs sans principes dans le

K

commerce des eaux-de-vie ? lorsque ceux-là verront les administrateurs prendre, ils prendront; lorsqu'ils les verront placer, ils placeront; mais quand ils se seront plusieurs fois brûlés à cette chandelle-là, ils comprendront enfin que ce n'est guères le cas de consulter les saisons à l'égard d'un état qui, bien dirigé, en sera presqu'à l'abri, et qu'il vaut mieux entreprendre des affaires sûres où l'on trouve un gain journalier que de flotter toujours entre la crainte et l'espérance, et finir par dépenser le sien, ainsi qu'il arrivera tôt ou tard à toutes ces pestes publiques qui font cet infâme métier aujourd'hui.

Une raison enfin doit rassurer à l'égard de ma caisse : ce n'est point ici une caisse d'escompte, dont le crédit n'est autre que celui des financiers qui la dirigent; ce n'est plus cette caisse dont les faveurs ne sont ouvertes qu'aux amis des amis: c'est une caisse générale, ouverte à tous, où l'on ne dépend pas plus de la faveur ou crédit des administrateurs, que ceux-ci du gouvernement, dès qu'ils font leur devoir; c'est enfin une caisse territoriale et non mobiliaire : si donc j'y appelle les capitalistes, c'est que comme il s'agit d'y confier une valeur conséquente en cédules et numéraire, représentatifs de la valeur territoriale en argent, il est bon que les dépositaires puissent répondre solidairement de la sureté des dépôts et deniers publics à eux confiés.

Du reste j'astreins cette administration à compter chaque mois avec la nation par bilan public; c'est un moyen sûr d'y amener l'ordre, ennemi et flambeau de tous les inconvéniens et de tous les vices ; c'est habituer le public aux tableaux que chaque commerçant se devra à lui-même et à l'état ; ce qui fait l'un des principaux moyens dont j'use plus loin pour la restauration des mœurs et des finances.

En attendant , de tout ceci il résulte déjà une réflexion , c'est celle-ci : D'après cet établissement , pourquoi irait-on encore trouver l'agioteur en seconde main pour changer ses mandats ou son argent , quand on ne fait pas métier d'agiotage ? serait - ce pour lui porter quelque profit, lorsqu'on peut se dispenser d'en donner en s'adressant à la caisse? Ainsi l'agioteur se verra réduit à courir les rues de Paris et les avenues du Palais-Égalité ; et quand il demandera à quelqu'un » Ne voulez-vous rien? » ce sera comme s'il lui disait : » Ne me ferez-vous pas la charité? »

Cependant il se formera dans la bourse un cours de l'argent contre les mandats , pour les opérations en gros , ou pour les négociations du papier commercial ; car les mandats étant forcés , l'on s'engagera , comme en argent de banque de Hollande , en numéraire , au cours, poids et titre du jour, selon le change déterminé par le cours de celui où l'objet devra être payé ; d'où arrivera que les paiemens se feront le soir et qu'on travaillera ainsi toute la journée. Or ce cours sera le véritable résultat des besoins et des entraves, et ce cours est légitime : ce sera la boussole de tout le commerce de France ; ce sera celle que suivra la caisse ; ce sera enfin la faulx qui tuera ce qu'on nomme avec raison l'agiotage , en tenant d'ailleurs toujours l'esprit des français tendu vers le commerce. Quant au gouvernement, comme il n'émettra plus de mandats, le prix de ceux-ci sera moins relatif à la valeur intrinsèque de son administration, quaux besoins plus ou moins étendus de la circulation.

Enfin, je termine cet article, en prédisant au gouvernement que sans toutes ces précautions réunies, les mandats, ou tout autre papier d'état, ne prendront plus ; et voici particulièrement la raison que j'en donne. Aujourd'hui il n'y a plus de dettes réciproques à acquitter pour les faire prendre, comme il y en avait lors de l'introduction des assignats ; par conséquent, il n'y aura plus également le même intérêt à acquérir des biens nationaux, pour se défaire de ses mandats : l'agiotage seul, les intrigans et les spéculations impures , pourraient donc désormais faire entrevoir l'ombre des ressources qu'il en résultera encore quelque tems pour le gouvernement ; par mes moyens, au contraire, les mandats reprendront et se retireront d'eux-mêmes de la circulation quand elle n'en aura plus besoin, sans que qui que ce soit en ait perdu le fonds ni l'intérêt, et ceux qui y auront eu le plutôt confiance, seront ceux qui y gagneront le plus. Mais passons à l'organisation de la vente des biens nationaux, au-dessous, s'il le faut, des estimations de 1790, payable en numéraire ou mandats au cours du jour du payement. C'est l'objet de l'art. VII.

Il n'y aurait point de dilapidation, il y aurait au contraire intelligence de le faire ainsi ; car l'on ne peut se dissimuler que l'argent monnoyé est devenu excessivement rare depuis la révolution. Si donc il est utile de vendre, et si l'on veut tenter l'étranger de nous apporter son argent, et de venir s'établir en France, il faut présenter un appât aux acquéreurs ; mais il faut se garder de tomber dans l'excès contraire, celui de donner à trop bon marché. La nation n'est point en banqueroute, il n'y a que du dérangement dans ses affaires, et personne, au dedans ni au dehors, ne se repentira de s'en être rapporté à sa foi. C'est d'après cette ferme persuasion où je suis, que je soutiens qu'il faut arrêter des ventes qui ne sont pas des ventes, mais une véritable dilapidation ; des ventes enfin qui sont peut-être une perfide trahison de la part des agens d'émigrés qui trouvent ainsi les moyens

de remplumer leurs paons ; pour y faire suc-
céder des ventes réglées sur les valeurs réelles,
sur l'importance enfin des valeurs intrinsèques
que nous avons à exposer. Mais ceux qui di-
lapident ainsi les biens de la nation, rempli-
ront-ils enfin ses engagemens ?

D'après l'article VIII, concernant la récompense
promise aux défenseurs de la patrie, ne peut-on
pas s'écrier ? Heureuse la nation qui peut promettre à ses défenseurs un aussi riche présent
que celui qui leur est réservé ! Mais bien plus
heureuse encore, celle qui peut tenir sa promesse ! Pour moi, je tiens que d'après l'état
actuel des choses, la promesse ne pourra avoir
son effet. Je vais plus loin, je soutiens que
nos frères d'armes ne pourront pas même suivre
leurs victoires, et seront forcés de rétrograder,
malgré tout leur courage, si une grande réforme financière ne s'opère pour les soutenir ;
d'où résulte que si je connaissais des ressources
plus efficaces que le plan que je propose, sans
doute je me hâterais de les découvrir, moi qui
rends à nos braves la justice d'avouer que la
république française ne formerait effectivement,
comme le dit d'abord l'évêque de Liége, pas
un point sur la carte, s'ils n'avaient conservé
cette union sainte que ce prélat prêchait à ses
ses sujets ; s'ils avaient partagé aveuglément le

délire d'une révolution fondée et flottante sur tant de passions ; s'ils n'avaient eu pour principal guide la gloire du nom français et le triomphe de leur patrie.

Oui, certes, il est juste de donner, à la paix, une retraite honorable et assurée aux fiers compagnons qui nous l'auront procurée. Eh ! fût-il jamais guerriers plus constans et plus fidèles ? Mais ne sait-on pas aussi qu'il en est, (et c'est le plus grand nombre,) pour qui, servir leur patrie sera un besoin du cœur, lors même qu'elle leur offrira le repos à l'ombre de leurs lauriers ? Ainsi, les uns s'empresseront de prendre place dans les ateliers nationaux qui leur seront préparés ; les autres auront encore plus de dispositions à courir de nouveaux hasards, à cueillir de nouveaux lauriers ; les autres, enfin, préféreront voir élever avec distinction leurs enfans, aux dépens de la patrie, dans de véritables écoles militaires à former alors, plutôt même que de toucher leur contingent. C'est à ces résultats qu'il faut se préparer à l'avance, en redoublant d'efforts pour y arriver glorieusement.

Mais ces colonies sur-tout, cet autre monde, qui nous fournissait exclusivement, et à très-grand marché, tous les cafés, sucres, cotons, indigos et tous les fruits délicieux que cet ancien paradis terrestre des français leur produisait, à qui nous fournissions, seuls, et à très-haut prix, soit le superflu de nos denrées, soit l'excédent des travaux de nos mains; où nos laboureurs allaient prendre possession de la terre promise; où nos armateurs savaient enchaîner la fortune; d'où nos soldats revenaient toujours les mains pleines; où l'habitant, enfin, vécut libre, riche et en paix, jusqu'à l'instant fatal où son ambition, et son insatiable avidité égarèrent toutes ses facultés et produisirent tous ses malheurs : ces côteaux, ces plaines fertiles, doivent-ils donc redevenir incultes; ou bien n'y aurons-nous tant semé que pour laisser recueillir par autrui?

Ah! ces avantages, ils sont perdus, car nos colonies sont perdues. Oui, perdues; que m'importe en effet, que les Colonies, qu'une portion des Indes nous appartiennent encore de nom, si nous avons cessé d'en recueillir les riches produits; si une Carthage moderne s'élève auprès de nous et rend le monde entier tributaire de sa suprématie maritime, ou dépendant de ses richesses d'outre-mer?

Braves soldats, et vous, marins intrépides, il est digne de vous de sonder la profondeur des plaies que l'Angleterre nous a faites, et de rétablir dans l'Europe la balance politique que cet empire fait chanceler. Mais patience, son île superbe va crouler sous le poids de ses propres richesses. L'argent y est rare, dit-on; cela est possible; et même il est probable qu'il s'en est fait par les anglais des exportations énormes dans les Indes et dans les Colonies, faute d'en pouvoir accaparer toutes les richesses, du seul produit de leur sol ou de leur industrie. Mais aussi, si cette rareté existe, elle n'est que factice et relative; car elle vient de ce que les denrées coloniales et indiennes y sont devenues si communes, qu'elles ne peuvent trouver en Europe un écoulement assez rapide pour en maintenir les prix.

C'est précisément pour obvier à ce manque de débouché, que Pitt lui-même a favorisé aux français divers traités de paix partiels avec les plus petites puissances dont l'Angleterre n'a rien à craindre; lorsque, d'autre part, il n'a cessé de fomenter la guerre entre nous et les puissances majeures qu'il a intérêt d'affaiblir. Par ces moyens, il a au service de l'Angleterre quelques pavillons neutres de plus, dont il use, sans bruit, pour empoisonner l'Europe de ses maximes, et fournir à son pays un débouché étendu par le cabotage et l'exportation de son superflu. Que si un jour la Russie se détermine à prendre également part à la guerre, ne doutez pas que le rehaussement des manufactures anglaises qui habillent les soldats russes, n'y entre pour beaucoup, car c'est ainsi que Pitt sait souffler par-tout la destruction et le désordre des finances dans tous les cabinets de l'Europe, pour raccommoder celles de son pays. C'est aussi ce que l'impératrice de Russie, la seule, parmi les despotes, qui soit éclairée dans la matière des finances, a su démêler depuis, et long-tems avant notre révolution, et c'est pourquoi elle a toujours différé de prendre part à celle-ci. Au reste, cette puissance a toujours sû démêler aussi qu'il y avait plus d'avantage à être ennemie de l'Angleterre, que d'en être l'amie, en ce qu'il y a du côté de ses richesses toujours beaucoup à mordre. Pour nous, cessons de croire jamais à cette rareté d'argent prétendue chez les anglais. La dette énorme du gouvernement est ce qui donne lieu à cette erreur ; mais qu'importe une caisse royale endettée, quand toutes les caisses des citoyens sont bien garnies ? L'Angleterre éprouve cette rareté qui résulte toujours de l'emploi actif de tout l'argent circulant, c'est-à-dire la rareté qui produit les trésors. Voilà la justice que je dois rendre à notre plus mortel ennemi, à Pitt, ce ministre savant, mais si perfide qu'il finira par mettre l'Europe à ses pieds, si l'Europe continue ses prétentions à ruiner une république qui seule peut lui être opposée.

Pour prouver, enfin, par des effets, tout ce que j'avance ci-dessus par rapport à l'abondance ou disette de l'argent dans les empires, je n'ai besoin que de rappeller la situation de la France pendant la dernière guerre terminée en 1783. Eprouvâmes-nous jamais aussi fréquemment la rareté de l'argent? Jamais vit-on autant de faillites en France? Et cependant abondâmes-nous jamais autant en richesses effectives, en denrées coloniales, en marchandises des Indes, en or, argent, piastres, portugaises, galons de toutes espèces, vaisselles, diamans et bijoux d'or et d'argent? Aussi nous fournissions alors l'Europe entière de nos divers superflus par la voie d'Ostende, comme le fait aujourd'hui l'Angleterre par la voie des divers ports dont elle se conserve politiquement l'entrée : alors tout était pour les français, aujourd'hui tout est pour les anglais! Ah! si les français alors avaient su conserver la modération de caractère qui est le propre des anglais, l'amour de leur pays, qui est le propre des anglais! Mais non, ils donnèrent à la paix au plutôt dans le piège que leur tendit si adroitement Pitt par le ministère de Calonne qui eût les roses, après que Necker avait cueilli les épines. De-là, son fameux traité de commerce avec la France; rien n'était bon, s'il n'était anglais; et jusqu'à l'habillement de nos troupes, je l'ai vu tirer d'Angleterre au commencement de la révolution de la liberté.

C'est ainsi que l'Angleterre fut toujours le

fléau de ses alliés, parce qu'elle sait mieux compter. Lors de la guerre dont je viens de parler, ou plutôt peu avant sa déclaration, la France pensa compromettre aussi le sort de l'Espagne et des Etats - Unis de l'Amérique, en les entraînant dans son parti, en y soufflant la guerre. Mais comme la France fut toujours une alliée moins perfide, ces deux puissances furent au moins soutenues. Cependant, tandis que chaque puissance convoitait de loin le commerce de ses rivales, qui profita de la querelle? Ce fut d'abord la Hollande, car elle mit tout d'accord, en s'emparant des enjeux, jusqu'à ce qu'enfin courbée elle-même sous le poids de richesses si subitement acquises, il en résulta dans son sein la corruption qui produisit sa révolution.

Alors tout changea de face; on ne se battit plus pour des apparences, mais bien pour des réalités. Enfin l'Espagne, peu commerçante, se retira de ce choc à-peu-près but-à-but, lorsque la France et l'Amérique reprirent, par leur commerce, l'avantage qu'il donne lorsqu'il est soutenu par une puissance maritime imposante. C'est ce que l'Angleterre fait aujourd'hui. D'où l'on peut conclure que si dans le tems elle résista contre l'effort des puissances maritimes coalisées, elle ne tardera pas à les enchaîner toutes, puisqu'elle ne rencontre plus d'obstacles à ses projets.

Au reste, les richesses, acquises alors par la France et l'Amérique, en devenant pour celle-ci une base d'établissement, une chaîne de prospérités, devinrent pour nous une source de décadence. Ce sont elles qui ont accru chez nous le luxe et la corruption, qui ont doublé nos besoins factices en tout genre, qui ont introduit parmi nous la folie de ne faire cas que de ce qui venait de loin, enfin qui ont produit partout le marasme et la misère. Ce sont ces richesses primitives qui, dans le gouvernement, ont amené la nécessité des emprunts, ceux-ci la caisse d'escompte, celle-ci l'usure et l'enlèvement de l'argent aux classes nourricières de la société, ceux-là les plaintes du peuple, celles-ci la philosophie, cette dernière enfin les brigands qui en prirent le masque, et ceux-ci la révolution. Oui, citoyens, si j'en crois mon pressentiment, une révolution éclatera bientôt aussi entre le peuple d'Angleterre et les grands dont le luxe et la morgue augmentent jusqu'au scandale; et quels que soient les efforts du savant Pitt pour en préserver ceux-ci, ils n'échapperont point à cet égard, à l'arrêt du destin. Reprenons donc, puisqu'il le faut, la partie; nous aurons l'avantage si nous jouons mieux, car nous avons toujours quelques pions de plus.

Cet épisode ne paraît pas directement enchaîné à ma matière ; il l'est pourtant, en ce que ce doit être là le champ d'observation des français, pour y diriger principalement leur politique, et tenir toujours prêts en finance les moyens d'exécution au besoin contre un gouvernement oppresseur de la classe infortunée de ses citoyens, et dont la politique vaste, ambitieuse et hardie nous a ouvert un abyme de malheurs et de troubles intestins.

Mais revenant enfin à mon sujet directement, faudrait-il, pour assurer à nos armées leur récompense, affecter tels ou tels biens nationaux en particulier, lorsqu'ils leur sont tous affectés de droit ? Faudrait-il par cette affectation ridicule, réduire ces biens mêmes à un dépérissement inévitable qui en serait la suite ? Faudra-t-il donc que l'acquéreur s'occupe de la distraction faite de ces biens, lorsque ce serait souvent le bien affecté spécialement à nos armées qui lui conviendrait le plus ? Pour moi, je crois qu'affecter spécialement à nos armées tels ou tels biens nationaux, c'est précisément détériorer leur gage ; c'est nuire au succès des ventes des domaines généraux. Nos armées sont nos amies qui nous ont prêté leurs bras, et auxquelles nous devrons, à telle époque, telle somme. Quoique pour garantie du payement tous les biens nationaux leur soient affectés, elles n'ont pas la prétention de mettre opposition à ce que la nation fasse valoir ces biens, à ce qu'elle en vende même une grande partie, pourvu qu'il en reste toujours plus qu'il n'en faut pour leur garantir notre dette. Or, nous n'en sommes pas venus tout-à-coup à une telle nécessité, qu'il faille, à cet égard, compter de si près; du moins il le faut espérer, d'après les tableaux mêmes que le conseil des cinq cents a fournis en brumaire dernier des resources et biens nationaux sous la direction du gouvernement, d'après encore le remboursement des assignats en mandats, et d'après sur-tout, les moyens futurs de réduire ceux - ci à leur valeur intrinsèque, sans nuire à liberté d'en user à son gré.

C'est quand nos armées verront les travaux que vous préparez aux uns, le champ de gloire et de profit que vous ouvrez aux autres, l'éducation honorable que vous destinez aux intéressans rejettons de nos héros désintéressés, qu'elles verront clair dans leur sureté. Est - ce une aisance pestilentielle, une liberté anarchique, qu'elles demanderont ces armées, après avoir conservé péniblement à leur patrie une fortune modeste, une liberté grave et imposante ? Nos ennemis espèrent-ils donc diviser entr'eux, ou faire naître la cupidité dans l'ame de ceux qui marchent à la mort pour la cause de la liberté? Croyent - ils étouffer en eux l'amour de la patrie, en les occupant de leur intérêt per-

sonnel? Qu'ils leur demandent combien la dernière trêve leur a paru longue et ennuyeuse;
qu'ils consultent leurs premiers pas dès qu'elle
fut rompue; ils furent marqués, chaque jour,
par la victoire. Ah! jugeons mieux de nos frères
épurés au feu du canon, au spécifique des
bayonnettes, au creuset des fatigues. (1) Crai-

------

(1) L'amour de la patrie, ainsi que le dévouement à
la cause de la vertu, est un feu divin et plein de charmes
qui purifie l'ame de toutes ses faiblesses passées. S'il
pouvait m'être permis, à cet égard, de me citer en preuve,
je dirais: personne n'aimait mieux que moi sa patrie,
lorsqu'on me conduisit militairement de Dunkerque à Paris,
il y a deux ans. Aussi, à cette époque, loin d'en être
affecté, je me sentis peu-à-peu devenir meilleur et plus
confiant en moi, comme le brave soldat qui marche à
l'ennemi.

Souffrir pour sa patrie est encore, pour une ame belle
et forte, un encouragement à la mieux servir. Tandis
que la nation me tenait en prison, je composais pour elle
un plan d'éducation. Que m'importe votre vertu, votre
courage, s'ils n'ont jamais été éprouvés? Heureux celui
que dieu éprouve ainsi, quand il sait en profiter; car
dieu, ainsi qu'un capitaine habile, destine souvent à de
grandes choses, ses meilleurs amis qui, après cette épreuve,
se sont montré dignes de sa confiance par leur sécurité
et persévérance dans les dangers et les travaux.

Mourir pour sa patrie, c'est la fin réservée à l'homme
juste, s'il a du courage, et si le gouvernement n'est pas
vertueux; c'est aussi le bonheur qu'il attend tranquil-
lement et sans se détourner d'un pas. Si Socrate et Jésus

gnons

gnons, sur-tout, les funestes effets d'une précaution inutile et dangereuse, et croyons que
la meilleure sureté de nos frères d'armes, à
cet égard , c'est leur courage, qui saura
joindre encore aux biens déjà acquis, ceux des
potentats oppresseurs des peuples, s'ils ne se
hâtent de conclure avec nous une paix qui soit
digne de notre puissance et de nos destinées.

A l'égard de l'article IX du programme, la
prudence m'impose une retenue sans bornes.
Faut-il peindre, en effet, les expédiens funestes

---

furent grands, c'est sur-tout en mourant obscurément
pour sceller leur doctrine. Quand voit-on le soldat grand?
c'est quand il est blessé mortellement, et s'écrie: Puisse
ma mort être utile à ma patrie! Titus demanda la mort
afin d'épouvanter tous les traîtres. Un vrai soldat, un
vrai sage, s'arrêteront - ils parce que l'ennemi commun
les menace? Non, non; l'un et l'autre agiront, ruseront
même, s'il le faut, mais pour parvenir plus sûrement
à leur but. Du reste, il résulte de leurs mutuels travaux,
que l'un expose sa vie pour sa patrie, l'autre pour la
vertu , et tous deux pour l'amour du prochain. Mais
si la charité envers le prochain épure l'ame, par l'abandon
de quelques deniers, que ne fera pas le dévouement entier
de sa personne en sa faveur? Je réponds, moi : elle la
sanctifiera. Répondez maintenant, vous autres persifleurs
écervelés des spectacles, qui ne payez que de mépris le
refrein qui n'est plus connu que des braves:

   Mourir pour sa patrie ,
 est le sort le plus beau, le plus digne d'envie.

        L

où se trouve réduit le gouvernement, soit pour soutenir la guerre glorieuse de la liberté contre la tyrannie, soit pour graisser les divers ressorts, toujours rouillés, qui le font mouvoir lui-même avec gêne et contrainte ? Non, car ce serait combler de joie ses nombreux ennemis. Peignons plutôt la constance et la fermeté iné-branlable de ce corps miraculeusement et fruc-tueusement uni, au milieu de tant de sujets de dégoûts. En effet, je diffère beaucoup, à son égard, de l'opinion enfantine qui se ma-nifeste dans les spectacles et lieux publics ; et c'est sur-tout lorsque j'y vois le gouvernement abreuvé d'outrages insignifians, que j'en admire davantage la dignité et la modération. Dès que Louis XIV eut perdu Colbert, cessa-t-il pour cela d'être un grand roi ? Non sans doute ; mais il commença à avoir tort, quand il n'eut plus d'argent. Faut-il, parce qu'il manque au gouvernement actuel des ressources, et peut-être des lumières en finances, croire ses membres indignes de leurs fonctions ? A cet égard, écou-tons Esope dans sa fable de l'ane qui a changé de maître, pour appartenir à un corroyeur, la morale en est ainsi tirée :

Ce baudet inconstant change, et n'y gagne point.
Un dieu, tout dieu qu'il est, ne peut le satisfaire.
Mécontent de son sort, par-tout on l'entend braire.
Que d'hommes, ici bas, sont ânes sur ce point !

Et moi je dis:

> Faut-il que notre esprit toujours ainsi galoppe?
> Nous serons des Crésus, si nous suivons Esope.

Cependant, en brumaire dernier, le gouvernement voulut lever un emprunt forcé de 600 millions en numéraire ; cet emprunt ne lui a produit en six mois, disent les uns, que 13 millions, que 200 mille livres, disent les autres : il fallait qu'il bornât ses prétentions à 60 millions, et les tirât d'un coup de filet ; mais il fallait alors, il faut encore aujourd'hui diriger cette opération contre les agioteurs seuls et intrigans, par forme d'épuration.

Croit-on, en effet, qu'il y ait plus de moralité dans celui qui joue sa fortune à l'agiotage, que dans celui qui l'expose dans un tripot ? L'un et l'autre se voyent tour-à-tour riches ou ruinés, heureux ou buvant des bouillons ; (c'est le terme des agioteurs,) l'un et l'autre enfin s'habituent à payer un écu pour un verre d'eau ; de là la corruption générale. Or ce n'est pas parce qu'ils disputent le plus souvent leurs intérêts avec le gouvernement forcé d'avoir recours à eux, que je propose de les taxer selon leurs facultés, car rien n'est plus naturel ; *mais c'est par ce qu'ils corrompent la nation.*

D'autre part, si je borne l'amende des agioteurs à 60 millions, c'est parce que la plupart d'entre eux ont des talens avec lesquels ils pourront faire fructifier leur argent plus honorablement , soit dans le commerce , soit autrement ; et qu'il faut toujours que le gouvernement se garde d'épuiser la circulation , quand il ne veut pas s'épuiser lui-même. Au reste , je n'ignore pas ses besoins énormes ; et je pourvoirai à tout , s'il me seconde par son bon ordre , sa probité et sa puissance. Mais en attendant , il ne faut pas qu'il perde de vue que le talent , que la science , que l'art des finances comme du commerce , est de savoir faire beaucoup avec peu. En attendant encore , il lui reste quelques ressources dans la vente du mobilier inutile de la nation , en ce qui ne concerne pas les objets d'urgente nécessité ; qu'il en use donc avec économie : c'est ainsi que l'économe instruit et prévoyant vend les meubles de son grenier , pour vivre en des tems de calamités ; il épargne , de cette manière , son fonds , et se suffit avec son revenu.

Cependant , comment acquérir la connaissance des agioteurs , et les atteindre par l'opération proposée à leur charge ? Ne vous en mettez pas en peine ; l'opinion publique provoquée , à cet égard , prudemment et fructueusement , les désignera ; de plus , ils se nommeront entre eux pour moins payer ; car fiez-vous à l'amitié d'un agioteur ! Mais si , contre toute attente , ils observaient le silence , alors il faut prendre sans quartier, et doubler la somme ; car la discrétion cesse d'être vertu et devient crime, lorsqu'elle a pour but de cacher une trame, ou d'entretenir et receler un monopole odieux ; et l'argent ne saurait être que dangereux dans les mains du traître qui ne sait pas se repentir, ou de l'avare qui refuse de s'acquitter.

Bref, dix jours après les instructions parvenues, la somme entière sera prélevée par-tout et en route pour le trésor, si l'opération est bien dirigée. Voilà qui vaut mieux, selon moi, et fera plus de profit qu'un emprunt forcé de 600 millions, dont le résultat, s'il eût pu être suivi rigoureusement, devait être la misère de tous les citoyens, et l'élévation des seuls agioteurs sur les débris de toutes les fortunes et même du gouvernement ; sans que celui-ci pût jamais d'ailleurs completter la somme en France.

Quoiqu'il en soit, le gouvernement ne peut cette fois recevoir des mandats au cours, quel que soit pourtant l'intérêt particulier qu'il y aurait ; car ce serait faire éclore, pour les receveurs, des tours de bâton encore inconnus, si le dernier emprunt forcé ne les a point ouverts, ou leur procurer des moyens de favoriser tels ou tels ; enfin ce serait produire une inégalité de perception, d'où résulterait encore le désordre et la dilapidation. C'est donc seulement quand

l'ordre sera rétabli par-tout, que le gouvernement, comme tous les particuliers, se régle-
ront sur le cours public. Ce sera lorsque la caisse
d'échange des mandats aura rendu, par ses
combinaisons, la cédule territoriale équivalente
à l'argent dans les marchés nationaux, que
chacun recevra indifféremment du numéraire ou
des mandats au cours : c'est, au reste, ce que
le gouvernement a le plus grand intérêt à produire pour recevoir et voir rouler l'argent de
préférence, ou au moins en proportion relative
avec l'émission et le cours du papier. C'est pour
cela aussi que j'appelle, dans l'établissement de
la caisse dont il s'agit, les gens les plus instruits
à balancer le monde entier par un agio régulier
et résultant de l'expérience ou des principes
qu'elle a formés. C'est pour cela que je conserve
en circulation une émission de mandats-mon-
naie forcée, qui recevra, quelle qu'elle soit,
l'impression que la justice, le calcul et une opinion éclairée lui donneront dans le commerce,
suivant la persévérance et l'art que mettra le
gouvernement à rétablir son crédit, qui n'est
aujourd'hui appuyé que sur sa force ou sa prodigalité, lesquelles, n'ayant toujours qu'un
tems, peuvent être considérées comme rien,
et font que le crédit du gouvernement n'est
appuyé sur rien.

Les questions sur les impositions et les impôts,

contenues dans les articles X , XI et XII du programme , sont si délicates , que la prospérité de
tout état tient , le plus souvent , à leur solution. C'est ici que l'avarice des gouvernemens ,
ou leur relâchement , produit assez souvent la
chûte des états les plus florissans. Ce serait peut-
être le cas d'organiser , en France , une compagnie d'hommes instruits , pour faire , dans l'é-
tranger , des recherches sur les méthodes d'imposer les plus fructueuses , comme les anciens
faisaient voyager pour recueillir des lois , comme
les savans le font pour enrichir le dépôt de la
science ; car je ne suis point le partisan de ceux
qui rejettent tous les impôts , comme je ne suis
point celui des affameurs politiques qui les rendent gênans , onéreux et même insupportables ;
c'est d'après cela que je proposerais ces voyages
d'instruction , voyages qui seraient aussi d'un
grand secours dans les alliances et traités de
commerce à conclure.

Et attendant , je voudrais un systême d'impositions fondé , avec égalité , sur toutes les personnes qu'il est utile d'imposer , soit en proportion de leurs facultés et bénéfices intérieurs ,
soit en raison des intérêts extérieurs de l'état ;
mais je voudrais , sur-tout , dégager l'administration de cette complication obscure qui l'entrave , ou qui exige tant d'agens ; je voudrais
enfin des impositions auxquelles on ne puisse

pas se soustraire, des impôts qu'on ne puisse jamais frauder ; car c'est ainsi que je voudrais anéantir la fraude.

Or, quoi de plus propre à produire ces résultats, que le rappel des fermiers-généraux, receveurs, régisseurs, ect., pour former des commissions de finances intermédiaires entre le gouvernement et les citoyens ? C'est, en effet, parce que le gouvernement embrasse tout, qu'il ne fait rien, malgré ses bonnes intentions. Que chacun soit au poste que lui assignent ses vertus et ses talens ; que chacun éclaire le gouvernement ; et que celui-ci convertisse l'opinion générale en loi, suivant qu'il en a la mission ; qu'il la fasse exécuter ensuite ; mais qu'il éclaire l'opinion, et lui résiste au besoin, si elle devenait contraire à la justice ; voilà les importantes et glorieuses fonctions des législateurs et de leurs commissaires d'exécution.

Au reste, je n'ignore pas que la caste fiscale a le plus souvent induit les gouvernemens à erreur pour son intérêt particulier ; mais faites cesser la cause, et vous faites cesser l'effet ; prenez les droits, les régies, etc., au compte de la nation, comme elles le sont déjà. Alors vous trouverez, dans ces hommes, des lumières, (car on s'instruisait véritablement dans leur corps) et leur jugement, devenu impartial, ne sera pas inutile et sans succès. Au surplus, je n'empêche pas qu'on surveille, à leur égard, l'aristocratie fiscale ; et je conseille, sur-tout, de n'agir jamais que d'après des rapports circonstanciés et savans.

C'est par ces moyens seuls que vous parviendrez à établir solidement un équilibre avantageux entre les recettes et les dépenses du gouvernement, à faire fleurir la nation, et à rendre à chacun la justice qui lui est due. Je n'en dirai pas davantage, à ce sujet, pour le moment.

Ce n'est point, je pense, m'écarter de mon objet, que de traiter l'article XIII concernant les rentiers et propriétaires ; car, outre que la justice fait au gouvernement une loi de leur rendre celle qui leur est due, son intérêt même y est essentiellement lié ; quant aux rentiers de l'état, c'est parce que la bonne foi du gouvernement est le gage éternel de son crédit, et la garantie de l'attachement de tous ses sujets. Eh ! quoi, l'état a-t-il changé, parce qu'une révolution a changé ses gouvernans ! quant aux propriétaires, c'est que le gouvernement n'en peut tirer des impôts, qu'autant qu'ils aient des revenus ; et que la remise des dettes aux débiteurs, qui les ont contractées volontairement, est une immoralité, en elle-même, qui démoralise une nation.

Vainement le gouvernement espérerait augmenter sa force, en se conciliant ainsi la multitude ; les libéralités mal placées ne font que des méchans et des ingrats : et quelle libéralité, sur-tout, que celle qui se fait avec le bien d'autrui !

Il est bien des moyens de se concilier la bienveillance de la multitude ; mais ceux qui ont pour base la justice et un dévouement sincère à ses intérêts, sont les seuls qui ne produisent point les divisions et ne fassent point d'ingrats; comme les loix qui ne font point de mécontens, dans les classes honnêtes et probes, sont les seules dont l'exécution soit assurée et durable. Que si, pourtant, j'en propose une moi-même contre les agioteurs et les intrigans, c'est que je ne suis pas fâché que la nation soit divisée d'avec eux pour un moment ; mais diviser la nation d'avec les plus honnêtes gens, ceux qui ont associé leur sort à celui de leur patrie, d'avec les propriétaires honorables dont les biens la nourrissent et la logent, comme les manufactures l'habillent, comme les savans l'éclairent, comme les soldats la défendent ; voilà ce qui est évidemment contraire à la reconnaissance, à la fraternité, à la morale publique.

Quant au gouvernement enfin, si je lui procure la faculté de recevoir de toutes parts en numéraire ou mandats au cours, il est bien juste qu'il paie de même : et ne sent-on pas qu'il est encore aisé de faire, à cet égard, pencher la balance du côté du gouvernement, sans pour cela blesser la justice.

Au surplus, il est encore une considération que je ne rejette pas : c'est qu'il ne faut pas tout-à-coup paralyser le commerce, et concentrer le numéraire, ou les mandats, ou les cédules chez les rentiers et propriétaires. Ainsi de même les prix de toutes choses du pays, les loyers, les terres mêmes diminueront nécessairement par l'éloignement du numéraire réel qui en faisait le prix, de même les rentes sur l'état et entre les particuliers, si on les paie en numéraire, doivent diminuer ; puisqu'il est vrai de dire que plus l'argent sera rare, plus, en dernière analyse, les marchandises, travaux et denrées que les rentiers et propriétaires paieront seront à bon marché, lorsque tout sera rétabli dans un ordre exprès pour cela : dans cette hypothèse, à supposer que le numéraire de France soit diminué et rétabli par représentation, en équivalent de moitié de celui qui existait lors de la révolution, c'est à la moitié du revenu que toutes les rentes de l'état et autres doivent être réduites, mais cette moitié payable en numéraire ou mandats au cours ; ce qui leur fera le même effet que la totalité de leur rente leur eût fait autrefois, et ce qui est parfaitement conforme à la justice, à l'intérêt général et à celui particulier, sans pouvoir blesser, cette fois, le crédit du gouvernement, dont cette opération ainsi dirigée de la seule manière qui soit juste et exécutable ou tenable, devient la première et la plus solide des bases.

D'après cette considération, je ne parle point ici des engagemens réciproques sujéts à la résiliation ; il est de la prudence et de la justice du gouvernement de venir au secours des citoyens lésés, par des loix libres et justes, autant qu'exemptes d'inconvénient ; c'est d'ailleurs un moyen de discerner les escrocs des gens de bien. Je passe à ce qui regarde le commerce.

A-t-on bien senti, à l'égard du 14ᵉ. article, ce que le gouvernement gagne à favoriser le commerce ? Depuis la révolution même, nous avons vu luire passagèrement un commerce, ou plutôt un agiotage effréné de marchandises, en partie futiles, par suite même des embarras du gouvernement, qui le forçaient à émettre dans la circulation assignats sur assignats, et par suite aussi de l'agiotage naturel de ceux-ci qui forçaient le marchand à s'en défaire : eh bien ! malgré que le commerce n'avait alors qu'une consistance factice, à bien des égards, il a suffi qu'il fût libre, pour que le gouvernement y trouvât des ressources directes ou indirectes dans la bourse de tous ses citoyens ; aujourd'hui que le commerce ne va plus , par suite , entr'autres causes , de la défiance réciproque qui l'assiége , le gouvernement est absolument à la merci des agioteurs seuls, qui traitent avec lui ou ses agens , comme d'ennemi à ennemi ; ou dans le cas de prodiguer tous les biens nationaux au premier venu , pour tenir à flot encore quelques mois, quelques jours, quelques heures, peut-être , la barque de l'état ; car tel est le déplorable état des ressources qui restent , en finances , à un gouvernement vainqueur de toutes les factions intérieures , et qui fait ressentir , au-dehors , les effets de sa toute-puissance.

Faisons donc disparaître du commerce , au moins cette défiance mutuelle qui l'arrête dans son cours. Qu'un intrigant ne puisse plus légalement séduire la foi particulière par des apparences , et la tromper par des faits qui répugnent à la probité , quelles que soient les loix circonstancielles qui l'aient autorisé. Du reste , il dépend beaucoup du gouvernement de diriger le commerce vers l'utile, et d'écarter, par des impôts bien combinés , toute production étrangère inutile : c'est où doivent tendre, en ce moment, ses efforts , sans jamais s'initier d'ailleurs dans les conventions particulières , que pour leur donner force de loi et liberté entière.

Enfin, il est une vérité ; c'est que toute loi qui interdit la faculté de contracter à son gré, est une loi contraire à la liberté et à l'esprit de tout gouvernement républicain ; dont la perfection consiste à tirer, sans secousses, la justice, la liberté et l'intérêt général, de la nature même de l'homme commun, considéré sous le rapport de son égoïsme, sous celui de son amour pour la liberté qu'il ne veut que pour lui ; et sous celui de la justice, qu'il aime dans les autres, et exige de la part de ses semblables. Pour voguer sur cette mer de bisarreries que comporte le cœur et le caractère de l'homme, le gouvernement républicain n'a d'autre barque, d'autre force que la justice ; mais la justice, surtout, y est praticable ; car l'homme naturellement l'adore jusqu'à vouloir paraître juste, lors même qu'il ne l'est pas ; il ne faut donc que l'aider à être juste, pour le rendre heureux ; et l'on n'y parvient que par des loix justes et réciproques, qui sont l'objet de l'amour des bons et la terreur des méchans : bref, combien n'est-il pas plus facile de gouverner, dès que la loi est égale pour tous, et s'exécute sans violence ?

Et prenons garde sur-tout à la liberté du commerce et des stipulations ; car c'est sur elle particulièrement que le gouvernement peut fonder la régénération de ses finances ; comme c'est sur les impôts reproductifs que le commerçant lui produira, qu'il pourra gagner de quoi payer à mesure les dettes courantes, et épargner de quoi liquider à la longue, mais loyalement, les dettes anciennes qu'il a contractées dans l'étranger : Sans cette liberté, si l'étranger persiste à nous tâtonner pour ce que nous lui devons en ce moment, nous ne pourrons lui envoyer en paiement que des prunes, j'entends des prunes de Bordeaux ; car c'est ainsi qu'en use en pareil cas une grande nation pleine de foi et de bonne volonté, à qui on ne laisse que cette ressource. Quel moyen au reste fut jamais plus propre à épuiser le débiteur et le créancier, plus dangereux et plus nuisible dans ses effets aux deux parties ! Mais non, nous pouvons espérer un bien meilleur résultat de l'ordre que nous allons établir dans nos affaires générales et particulières, et qui va marcher auprès de la liberté indéfinie dont nous venons de parler d'après des règles générales et utiles.

Il s'agit par l'article XV de constater chaque jour, le cours des mandats, denrées et marchandises. C'est ce que les courtiers font ordinairement en faveur du commerce, soit à l'égard du prix de change des lettres et effets sur l'étranger, soit à l'égard du cours des denrées et marchandises d'un grand commerce dans le pays ; en observant toutes fois de cotter l'un et l'autre un peu plus haut ou plus bas , selon l'intérêt général du pays , ou des négocians dont la probité est reconnue , mais dont le crédit n'est point encore parfaitement établi.

Mais si cette mesure intéresse tant les négo-cians en particulier , à combien plus forte raison n'intéressera-t-elle pas tout le public dans la France entière , à l'avenir plus commerçante que jamais , et même l'étranger qui par ce moyen préviendra nos besoins. Craint-on encore de faire hausser les prix du détail et de la main d'œuvre par cette cotte ? On a la preuve que de crainte de se tromper , les détaillans et ouvriers demandent toujours plus qu'ils ne le devraient d'après le cours réel ; en sorte que les prix une fois établis ainsi, le cours de l'argent fait encore un nouveau saut , d'autant plus naturel qu'étant la représentation de tout , il doit par cela même avoir la préférence sur les objets qui ne repré-sentent qu'une sorte de besoins. De là l'agiotage effréné, tant des effets nationaux, que des den-rées et marchandises ; de là l'avilissement des uns et l'excessive augmentation des autres ; de là la diminution et le vide du commerce ; de là l'énorme déchéance de la balance de celui de France avec l'étranger ; de là l'augmentation de la main d'œuvre; de là la corruption ; de là enfin la ruine prochaine de tous les citoyens

français ,

français , qui seront entraînés dans cette calamité publique.

Si au contraire le cours général est fixé pour
tous , il n'en est point qui ne soit à portée de
connaître si on le trompe ; il n'en est point qui
ne préfère vendre ou travailler deux fois qu'une
à petit bénéfice : de là l'accroissement des travaux et du commerce ; de là la fin de cette honteuse méthode de surfaire ou de survendre ; de
là par conséquent l'ennoblissement du commerce ;
et de là bientôt une révolution avantageuse dans
la balance de celui de l'Europe , qui est toujours
en faveur du pays qui vend à meilleur marché,
sans se nuire , en raison de ce qu'il travaille
avec moins d'interruption et plus d'économie
ou de facilité. Mais passons à d'autres moyens
de prospérité , l'ouverture et réparations des
chemins et canaux.

C'est l'objet du XVIme article. Ce n'est point
à cet égard que le gouvernement doit être économe ; c'est par la simplification de toutes les
administrations ; c'est par la répartition judicieuse et ménagée de ses commis , (qu'il convient au reste de réduire , mais de payer gra-
cieusement, en proportion de leurs travaux et
de leurs talens.) Ainsi quoique ces ouvrages
aient toujours été pour les entrepreneurs une
masse noire onéreuse à la nation , je consen-

M

tirais plutôt à la leur laisser encore , qu'à voir négliger ces opérations. Quoi ! lorsque le cabotage maritime nous est interdit par les anglais, je ne verrai pas Bordeaux envoyer à Paris, Paris envoyer à Bordeaux ; je ne verrai pas tous les batteaux, toutes les bélandres, tous les charrois , tous les rouliers de France chargés des riches effets de la nation et du commerce de l'intérieur de la France ; et cela parce que les difficultés des routes et les frais que ces difficultés produisent , détournent les commerçans dans leurs spéculations !

Enfin il est urgent aussi de ne plus établir , ou laisser peser sur le commerce tout droit qui devient pour lui d'une plus grande gêne , qu'il ne produit souvent au gouvernement de profit ; mais comme c'est celui qui sent le mal , qui est le plus propre à l'expliquer , c'est au commerce même que je me réfère à cet égard , pour avoir ses instructions. En attendant , pensons à favoriser aussi le cabotage même qui nous est interdit.

Si dans l'article XVII , qui en traite , quelqu'un n'entendait pas bien le mot cabotage maritime , c'est le commerce qui se fait de France en France par mer , et qui n'a pour objet que d'épargner ainsi les frais de charrois qui tuent le commerce, ou l'empêchent de s'étendre par leur excessive cherté. Dans la guerre terminée

en 83 , qui fut cause qu'elle nous fut si glorieuse
et si fructueuse ? c'est que l'administration des
finances et du commerce, après avoir été éclairée
d'abord par l'ordre que Necker y avait établi,
fut pourvue avec une exactitude et activité dont
on n'avait point eu encore d'exemple en France :
mais c'est particulièrement parce que les ministres
savaient que le commerce et le cabotage maritimes étaient l'école et la véritable pépinière
de matelots , qui devait renouveller et soutenir
la forêt spacieuse composant la marine royale.
En conséquence , en même tems qu'ils y tail-
laient avec soin d'une part pour le besoin du
moment , ils étaient exacts à y replanter de
l'autre pour le besoin futur : ainsi de même la
marine royale recevait sa plus grande force de
la marine marchande , de même celle-ci recevait un sûr appui de la marine royale ; et c'est
par ce mutuel concours entre les deux marines,
que la guerre devint si funeste à nos ennemis.

Alors nous ne faisions pas seulement le cabotage des côtes de France en France ; mais nous
faisions encore celui de la France dans nos Colonies et dans nos possessions des Indes , appelé
cabotage de long cours. Alors on voyait partir
à-la-fois de Bordeaux , sous la protection d'une
escorte , d'un convoi de vaisseaux de guerre formidable , trois cents navires marchands riche-
ment chargés pour nos Colonies , et ainsi des

autres villes maritimes selon leur importance.
Aussi jamais le commerce français ne fut plus
florissant que pendant la dernière guerre, jamais
les manufactures n'eurent plus d'activité, jamais
les propriétés plus de valeur ; jamais la France
ne fut plus riche en or, argent, vaisselles,
bijoux et ressources de toute espèce, et jamais
par conséquent le trésor national ne trouva
plus de moyens d'emprunter ; moyens que
Necker, que Calonne ont aussitôt saisis, mais
qni produisirent bientôt la corruption de la
cour et le marasme général, par l'exemple qui
en gagna par-tout comme une gangrène.

Cependant cette prospérité était due particulièrement à notre cabotage, soit sous convoi,
soit sous le pavillon ostendais, cabotage alors
dirigé et proportionné selon nos forces. Que font
aujourd'hui les anglais ? la même chose sous un ministre non moins éclairé dans cette partie, mais bien
perfide : ils font plus, car ils ont déjà envahi partie
des propriétés dans l'Inde ou dans les Colonies
de la France et de la Hollande réunies. Au
reste voulez-vous calculer aujourd'hui ces pertes
énormes que nos frégates et nos chers vaisseaux
de guerre sont sensés faire au commerce anglais ; informez-vous du cours des assurances
maritimes à Londres, et comparez-le avec les
cours respectifs de 8ɔ à 83, soit à Londres, soit
à Bordeaux ; car c'est là la boussole et le ther-

momètre de la prospérité des anglais. A cette seule réflexion, tremble, Europe; tremble, Autriche, toi-même qui reçois au milieu de Troyes les emprunts et les présens des grecs ; et vous, peuples endormis, voyez ce que vous devrez un jour à ce Pitt que vous ne connaissez pas assez.

Mais tout n'est pas désespéré. Nos colonies sur-tout ne seront pas, et ne peuvent être perdues pour nous ; car les colons sont français ! Ils ne peuvent se passer de nous, car ils auraient à combattre dix nègres contre un blanc ; les anglais ne peuvent les peupler, car la population leur manque ; les hollandais seront maintenant nos alliés de cœur, puisqu'il nous entrera comme à eux du plomb dans la tête ; ils le seront par nécessité afin d'être appuyés eux-mêmes ; les autres peuples ne peuvent guères nous nuire dans ces parages, car ils n'ont point la science du commerce nécessaire pour en tirer parti. Courage donc, français, ne nous arrêtons point pour quelques revers ; attaquons peu-à-peu le commerce anglais, en favorisant la course: pendant que les frégates et vaisseaux de l'Angleterre seront forcés à convoyer les navires du commerce, ils ne nous feront point de mal et ne bloqueront point nos ports. Serrons-nous pour cela, si nous pouvons, avec l'Espagne et toutes les puissances qui ont intérêt à n'être pas

asservies ou dépendantes de l'Angleterre. Favorisons peu à peu , mais avec sureté le cabotage
marchand , sinon encore dans nos Isles , au
moins sur toutes nos côtes ; et peu à peu nous
préparerons de nouvelles ressources , une nouvelle ame à notre marine nationale perdue , ou
devenue une marine précaire qui tue nos ressources au lieu de les accroître.

Abordons cette plaine maritime avec confiance ;
elle ne nous engloutira pas plus que d'autres. Elle
est d'ailleurs si vaste , qu'elle offre bien des ressources , bien des issues et des retraites au nau-
tonnier prudent et consommé.

Le cabotage enfin est un commerce si utile ,
que lorsque les commerçants n'osent plus ou
n'ont plus d'intérêt à s'y livrer , le gouvernement doit le faire lui-même pour son compte ,
quand il n'en devrait tirer d'autre fruit , que
de procurer à tous ses citoyens une répartition
raisonnée des objets de première nécessité que
l'intérêt particulier ou des craintes particulières
dérangent quelquefois. N'est-ce pas à ce défaut
de cabotage que fut due l'espèce de famine du
midi de la France ? N'est-ce pas à une sorte
de cabotage du gouvernement , que fut dû le
salut de Paris et de tout l'empire , lorsqu'il cir-
cula en France et arriva de toutes parts des bleds
pour le compte du gouvernement ?. combien de
malheurs on eût évités , si l'on eût usé à propos

du cabotage, ou au moins si l'on eût à cet égard favorisé le commerçant français ! Mais il ne suffit pas d'ouvrir au dehors à celui-ci des voies de prospérité, il faut encore le dégager au dedans des vexations immorales que le gouvernement lui fait éprouver d'une part, et rétablir chez lui d'autre part l'ordre qui seul peut conserver en lui cette tendance perpétuelle à des succès nouveaux, en même tems qu'il doit assurer au gouvernement des ressources morales et utiles pour consacrer à jamais cette prospérité. C'est l'objet des six articles suivans du programme.

Je dirai donc :

L'impot du timbre est, à l'égard du commerce qui commence, le plus mauvais de tous les impôts, car il sappe le commerce jusques dans sa racine ; il lui nuit même beaucoup, lorsqu'il est profondément enraciné. Je ne crois donc pas pouvoir saisir une meilleure occasion d'en demander l'abolition, que celle où cet impôt est en ce moment désastreux au gouvernement même au lieu de lui profiter, du moins d'après la baisse des mandats et le bas prix du papier timbré quon fournit ; que le moment où la France, sans commerce intérieur, a besoin de lui rendre la plus grande liberté pour le ranimer ; car si l'on convient que pour y parvenir il est utile de lever tous les obstacles à ce commerce intérieur, quelle entrave plus grande que celle du timbre ? qu'elle

charge plus incommode, plus immorale, à l'égard
du marchand et du spéculateur , arrêtés souvent dans leurs operations actives par le besoin
et l'importunité de ce monsieur papier timbré ;
par l'incertitude d'en exiger ou offrir, selon les
cas et la conscience supposée aux personnes
avec lesquelles ils traitent ! quoi de plus avilis-
sant que de paraître, à cet égard, un fraudeur,
et de payer l'amende , ou de n'être pas reçu
en justice contre celui avec lequel on a traité ;
et cela , pour avoir usé d'honnêteté envers quelqu'un qu'on en croyait digne , ou pour s'être
fié à la foi des signatures sur papier libre !

L'on a reculé les barrières , et l'on a bien
fait ; l'on a débarassé le commerce de quelques autres entraves , mais on l'a chargé d'un
impôt de timbre ; ainsi l'on n'a rien fait pour
lui , on l'a accabié de l'entrave intérieure , la
plus insuportable ; on a mis à sa poursuite un
essaim de commis sourds , muets et aveugles ,
mais en cela même, plus méchans que les premiers : enfin on l'a anéanti sous le poids d'un
misérable calcul fiscal , et cela , parce qu'on
aima toujours les masses noires : elles sont si
commodes, pour les hommes d'état ! En est-
il une plus capable de remplir leur objet et
de cacher leurs dilapidations , leur ignorance
ou extravagance ?

Pour moi, je dis : si l'on veut ranimer le

commerce intérieur , et rendre à chaque objet d'industrie ou de culture , la valeur que le commerce lui donne , et qui fait la richesse de l'état , il faut abolir , à son égard , la loi du timbre.

Mais comment atteindre les négocians , marchands , banquiers , financiers , agioteurs , chevaliers d'industrie , &c. qui ont soin de dérober la vue de leur fortune au gouvernement? Comment ? Vous le verrez bientôt ; et certes ils seront imposés comme tous les autres citoyens. Il y aura plus , c'est qu'ils ne pourront plus être frippons , banqueroutiers-frauduleux , ni tromper la foi publique , de loin ni de près ; et s'ils portent désormais des habits dorés , s'ils montent de superbes coursiers , ils seront bien à eux. O la respectable nation , si l'on pouvait dire dans l'univers entier des français : » Ils ne font jamais banqueroute , la mauvaise » foi est bannie de leur sol , et l'on peut traiter » avec eux sans defiance , car ils sont tous » forcés à être d'honnêtes gens. « Mais bien plus respectable encore sera la république , lorsqu'on pourra dire de ses habitans : » Ils » sont honnêtes et probes , sans qu'il leur en » coûte de combats pour le devenir. « Pense-t-on que cette réputation serait nuisible à l'étendue de notre commerce étranger ? Qu'on en juge par les succès qu'ont eu jadis dans le commerce, les hollandais, ils lés devaient seuls à leur réputation d'ordre et de bonne foi. C'est par cette bonne foi sur-tout, qu'ils firent d'Amsterdam l'entrepôt général et la capitale de commerce du monde. Eh bien! voilà ce que je desire vous procurer, français.

Pour cela, l'on sent, l'on croit bien que je vais m'environner d'échafauds, de proscriptions, de la force: Eh! oui de la force, mais de celle de la justice, de la prévoyance et de la bonne intention du gouvernement à y tenir la main.

Je dis donc que le gouvernement peut et doit, ainsi que Louis XIV, exiger des financiers, banquiers, négocians, marchands, agioteurs, enfin de tout manipulateur et traficant de denrées, marchandises, espèces ou matières d'or et d'argent, non compris dans la classe des ouvriers journaliers; même de tout chevalier d'industrie, soi-disant faiseur d'affaires, (car il faudra que chacun s'inscrive dans une classe de la société,) que tous tiennent trois livres sujets à cottes et paraphes, qui seuls feront foi; savoir:

Un journal où ils inscriront, à chaque instant et régulièrement à la suite l'un de l'autre, chaque affaire qu'ils feront: le tout dans l'ordre des parties doubles, et aussi clairement que la simplicité de l'affaire le comportera en elle-même ; bien entendu avec tous les détails , clauses et rapports rigoureux , dont elle est susceptible en première inscription.

Le second livre sera un livre de contrôle et vérification , qui relevera dans un autre ordre et en un seul article, aussi en parties doubles , tous ceux couchés au journal dans le mois. Dans ce livre , tous les débiteurs se classeront d'abord par ordre de date , et tous les créditeurs de même ensuite : les uns et les autres s'accordant dans chaque affaire consignée par des numéros de rencontre respectifs , inscrits à chaque côté des débiteurs et créditeurs qui se correspondent dans cet article. Or, j'entends par débiteurs et créditeurs, non-seulement les personnes , mais encore les choses auxquelles on ouvre des comptes pour connaître de chacun, les résultats particuliers : ainsi j'entends aussi les lettres et billets de changes , les marchandises , dépenses , bénéfices ou pertes généraux , intérêts particuliers ou de compte en société , avec tels ou tels , argent à la grosse, assurances , changemens de commerce, associations nouvelles ou anciennes à répartir, selon leurs intérêts au commerce, &c. auxquels derniers comptes , on donnera cependant une fois pour toutes, les dates du jour où l'article général se rédigera. Enfin j'exige dans ce livre , le même ordre que celui qu'on devra tenir dans les registres de finances , tant par rapport aux débiteurs et créanciers de l'état , qu'à l'égard des objets généraux ou particuliers, par lesquels ils le deviennent.

Mais peut-être , me dira-t-on , ce livre présentera quelques difficultés pour résoudre tous les articles du mois, en un seul article très-clair , quoiqu'ainsi compliqué. Je réponds : faites toujours un brouillon volant, au moins jusqu'à ce que vous y soyez enroutiné : il n'y a que les sots et les ignorans qui se piquent de ne pas faire de brouillons. Gardez-vous , surtout de coucher jamais rien au livre de contrôle mensal, que vous n'ayez vérifié en dedans et en dehors , et additionné les sommes de votre journal , enfin que vous ne soyez certain à l'avance , de la justesse et de la balance générales de l'article en débit et crédit ; car c'est précisément pour prendre mieux les négligens, comme c'est aussi pour ôter à tout maître ou commis, la possibilité des ratures et les tours de bâtons, que j'institue cette espèce de complication. Du reste, le meilleur teneur de livres, sera celui qui, dans aucun article , ne mettra ni un mot de trop , ni un mot de trop peu pour l'intelligence de chaque objet ; celui qui les rédigera en mots tecniques , du ressort des finances ou du commerce et avec la grace de la langue française.

Que ce livre soit rigoureusement mis en règle partout, même chez le ministre des finances et autres agens subalternes du gouvernement, huit jours après le mois expiré, à peine d'une amende fixée proportionnément à la fortune supposée du faillant. Huit jours suffisent assurément, pour mettre en règle les affaires déjà couchées d'un seul mois précédent, sans nuire au travail courant, ni à la faculté d'entreprendre ailleurs.

Que le journal soit aussi rigoureusement mis en règle, chaque jour, ou que le lendemain ou surlendemain, pour tout délai, il y ait, en cas de contravention, une amende, si l'on est pris en défaut. C'est le soir que chaque homme d'ordre, règle ou prend note de ses affaires : est-il absent ou malade ? à plus forte raison il le fait faire. C'est ici ce que je demande à tous ceux qui y seront astreints.

Que dans la huitaine qui suit celle de la confection du livre de contrôle, soit effectué l'ouvrage du grand livre, ou livre de raison. Dans celui-ci, l'on ouvrira distinctement à S | Cte ou M | C, ainsi qu'il sera indiqué par le livre de contrôle, et suivant relation des folios du journal et grand livre, inscrits en marge des débiteurs et créditeurs particuliers au livre de contrôle ; soit les comptes y désignés de chaque correspondant, lorsqu'on s'est attendu à faire avec eux des affaires réitérées , soit un compte général y désigné pour les divers débiteurs , où l'on portera avec évidence et selon même rapport et distinction, au journal et livre de contrôle , ceux à qui l'on aura livré ou fait quelque crédit momentané , en débit du compte général, jusqu'à ce que , par la libération du débiteur, on le porte en crédit de la même manière , à titre de solde et décharge ; soit un autre compte général des divers créditeurs , ou l'on portera avec évidence et d'après même ordre de journal et livre de contrôle , ceux qui auront livré , ou dont on aura reçu quelque crédit momentané , en crédit du compte général ; jusqu'à ce que , par libération envers lui , on le porte aussi en débit à titre de clôture , ou seulement d'à-compte de l'affaire conclue ou survenue ; précisément à l'opposé , mais de la même manière que le compte de divers débiteurs ci-dessus.

Dans le grand livre l'on ouvrira , encore d'après le livre de contrôle , tous les comptes généraux qui regardent en particulier le négociant qui veut compter avec lui-même ; tels sont celui des marchandises générales , pour toutes celles qui ne font, à proprement parler, qu'entrer et sortir pour compte d'autrui ; celui de marchandises , mon ou notre compte (le nom d'icelles) pour toutes celles appartenantes au

négociant même, ou à sa société de commerce
et qui ne font aussi qu'entrer et sortir , comme
celles qui tiennent à la spéculation journalière
qui aura eu lieu en bourse , ou avec tout individu de la ville qu'on habite ou qui en est
voisin ; celui des marchandises (le nom d'icelles)
M | Cte. , ou N | Cte. , chez tel , en telle ville ,
ou chez moi-même ; provenant de tel , en telle
ville ; si l'on prévoit que l'objet doit rester long-
temps en suspend ; celui de marchandises (le
nom d'icelles ; pour compte de tel ; celui des
marchandises (le nom) en société avec tel , en
y énonçant de quelle manière se divise cette
société , si elle est à demi , par tiers , quarts , ou
si elle porte sur l'intérêt de beaucoup d'intéressés
ou d'actionnaires ; dans ce dernier cas , les exprimer tous au journal et au livre de contrôle ,
sans le faire au grand livre.

Enfin ceci suffit pour donner aux teneurs de
livres déjà instruits , une idée complette des
changemens , de l'ordre et de la clarté à observer dans ma méthode ; l'on peut déjà remarquer qu'au grand livre , qui est aussi le
livre des résultats , les articles généraux de
toute une année , qui n'exigent point de détails particuliers , se réduisent à douze sommes
à inscrire , en raison des douze mois dont l'année est formée ; qu'ainsi rien ne saurait être
plus bref , puisque d'un coup-d'œil , ou à la

faveur de peu d'additions, le négociant ou l'inspecteur constitué par l'état, peut faire à chaque instant l'inventaire, tant des dettes actives et passives personnelles, que de tous autres comptes généraux et particuliers, et des effets ou marchandises tenus, aussi classés avec ordre ; sauf vérification facile de chaque article, si la sincérité ou l'exactitude des résultats inspirent quelque doute.

Mais pour apprendre maintenant la tenue des livres aux commençans, à ceux qui n'en ont aucune notion, je leur dis : Toutes les affaires se font chez un marchand ou négociant avec la même bourse, qui se vide et s'emplit à mesure, suivant leur tourbillon. Comment, dans leur cahos, le marchand pourra-t-il calculer les moyens de suffire à ses besoins, à ses spéculations, s'il ne va pas d'abord compter ce qu'il a dans sa bourse ? et après avoir compté ce qui s'y trouve, sera-t-il bien assuré de ne pas oublier une fois ou l'autre, par où cet argent aura passé, s'il ne s'est mis à portée de le vérifier quand il l'a voulu ? c'est en ouvrant dans les trois livres susdits, (mais disons seulement au grand livre à-présent) c'est en y ouvrant, dis-je, un compte d'une caisse représentative de sa bourse, compte où il portera en débit ou recette, tout ce qu'il recevra ; et en crédit ou paiement tout ce qu'il paiera,

qu'il

qu'il y parviendra. Mais pourquoi ce galima-
thias, débit et crédit ? c'est, réponds-je, le ga-
limathias du commerce. En effet, celui à qui
vous prêtez, vous doit ; vous le débitez, jusqu'à ce qu'il se soit acquité, ou crédité. De
même, supposez votre caisse, l'un de vos meilleurs amis ; quand vous lui portez une somme,
ne voilà-t-il pas votre ami qui vous doit ? il
en est de même à l'égard du sens contraire ;
car alors vous devez à votre argent, à votre
meilleur ami, soit. Cependant votre bourse,
votre caisse se vide, en faveur de tel homme
ou de telle chose ; ne voilà-t-il pas que votre
caisse est créancière, ou créditrice de celui ou
de telle chose, auquel ou à laquelle, elle ou
vous, avez prêté ou appliqué, son ou votre
argent, vous-même enfin, si vous vous mettez
en place de votre argent, comme c'est ici le
cas, quand même vous n'en feriez philosophi-
quement point de cas.

Pour rendre ceci plus intelligible, il faut que
vous sachiez que votre caisse, et tous les
comptes généraux que vous ouvrez pour vous
rendre compte à vous-même, sont tous représentatifs de vous-même, divisé en autant de
parties qu'il est nécessaire, pour que vous con-
naissiez, en total et en partie, tout votre individu. Or, supposant tout cela vous-même, en
masse ou divisé, n'est-il pas clair que chaque

N

fois que vous donnez à un autre , vous vous retirez à vous - même ? Ainsi , si pour avoir donné à un autre , vous le débitez , vous devez vous créditer vous-même , puisque vous voulez vous rendre compte de tout ce qui vous regarde seul ; comme vous créditeriez celui qui vous ferait crédit , si aulieu de lui avoir fourni , il vous avait fourni , avancé ou payé lui-même.

Mais tiendrez-vous un seul compte de vous-même , nominativement ? Non , cela ne vous avancerait point , et il y aurait toujours confusion entre vos diverses parties , qui ne sont pas , en ce cas , si bien liées par mains d'homme que votre individu matériel ne l'est originairement par mains du créateur de l'homme : en conséquence , pour les rapprocher un jour et les voir clairement dans leur entier , vous les diviserez , et ouvrirez , à chacune d'elles un compte particulier pour l'intelligence de vous-même , représenté ainsi ; car lesdits comptes réunis représenteront alors tous ensemble votre personne en entier.

Il suffira donc de débiter ou créditer tous ces comptes , selon que quelque affaire y aura rapport en totalité ou en partie , ou à plusieurs d'entr'eux ; suivant que vous débiteriez ou créditeriez vous - même , votre personne , si vous receviez ou payez en leur place. Voilà toute la magie de la double partie ; c'est la représentation de soi-même en divers yeux, suivant ceux par lesquels on veut voir; c'est l'argus enfin du commerce.

Vous ne serez donc plus embarrassé, si j'exige de vous des comptes particuliers de votre porte-feuille, de vos dépenses de commerce, de vos dépenses de maison, de bouche ou d'habille-mens, et vous saurez bientôt que c'est parce que je veux encore vous faire voir par tous ces yeux là, afin que vous ne vous ruiniez pas : et si je veux encore vous faire voir par les yeux de toute société que vous formerez, romprez, renouerez, soit à titre d'association à quelque opération générale de commerce, soit à titre d'association particulière avec un simple particulier, vous sentirez que c'est la même chose, et afin de vous mettre à portée de rendre à chaque instant le compte et la justice à vos associés, et de la recevoir, preuves en mains, quand et chaque fois que vous voudrez faire le triage de la masse et de l'intérêt général de votre société d'avec le leur ou le vôtre en particulier, sans l'assistance des procureurs et juges de paix qui vous rongeraient.

Pourquoi vous effrayeriez - vous davantage, si je fais entrer dans vos trois livres un gros navire tout entier, figurant isolément, soit pour votre compte, soit pour compte de divers cointéressés avec vous, sous votre gestion particulière ?

Quand ce sera à vous seul qu'il appartiendra, ce navire vous représentera seul, comme une simple marchandise, ou si vous voulez, une portion de vous-même se retracera dans un coin de votre glace, vers la partie où vous verrez le navire. Quand ce sera à plusieurs intéressés avec vous, ce navire représentera de même tous ces intéressés, dans la glace ou le cadre qui les représentera sous le nom du navire; mais vous ne vous y verrez cette fois que quand la glace ou le cadre seront cassés et divisés en autant de parties qu'il y a d'intéressés, vous compris, chacun selon sa qualité.

Il est inutile de dire ici que vous attribuerez, en conséquence, en masse tout ce qui aura rapport au navire, au navire même qui figure; et qu'à la dissolution de la société audit navire, vous attribuerez, à chacun des intéressés, les résultats ou produits qui leur reviendront; comme vous les aurez chargés d'avance de vos achats ou déboursés, et déchargés de leurs remises.

Enfin quant à toutes les écritures à passer à ces égards, elles rentrent dans la règle de celles indiquées ci-dessus ; mais je ne saurais assez dire et répéter que c'est particulièrement en se proposant à soi-même toutes les difficultés ou variétés de situation qui peuvent arriver, qu'on devient habile et qu'on exerce avec fruit son jugement dans cette partie, comme dans toute autre qui dépend essentiellement de cette faculté précieuse de l'homme.

Cependant comme toute opération vous produit ordinairement quelque profit ou perte; il s'agit ici d'ouvrir dans vos trois livres, selon les formes prescrites, un compte qui constate tous les résultats heureux ou malheureux de vos opérations; comme un compte de capital ou inventaire représente la valeur de votre tête, ou constate les résultats de votre fortune.

Vous aurez grand soin ensuite de porter, chaque fois qu'une opération sera finie, la solde de vos comptes généraux à ce premier compte de profit et perte, savoir: au débit de ce compte, si c'est de la perte, et au crédit, si c'est du profit.

Au reste, vous allez remarquer, quant au raisonnement à faire en vous - même sur ce compte, qu'on eût dû le nommer le compte des pertes et profits, en ce que la perte reçoit la perte, et le profit paye le profit; ce qui est en effet, un contre-sens embarrassant dans la dénomination consacrée par l'usage, mais ce qui ne doit pas vous empêcher de respecter nos pères dans leurs inventions et principes.

Alors le résultat de ce compte de profits e

pertes se portera en augmentation ou diminution au résultat de toutes vos dettes actives,
sur lesquelles vous avez actions ; et passives,
sur lesquelles il faut passer et payer ; à celui
de votre magasinier, de votre porte-feuille, etc.,
etc. ; et ces additions ou soustractions formeront votre inventaire et bilan, que je demande
chaque année de vous.

Que si l'on doute de la possibilité d'exécution, ou de la supériorité de ma méthode sur
toutes celles connues, pour parvenir à mes résultats, l'on apprenne au moins que je l'ai
pratiquée avec succès à Bordeaux, en 1786,
chez un vieux négociant famé, et aussi instruit
que justement estimé ; que cette méthode, et
quelques autres soins, tels que la correspondance qui m'était confiée, ont valu à la maison
un ordre tel qu'on ne l'y avait point encore vu,
sans compter d'ailleurs l'économie des commis.

Au reste, par cette méthode je crois avoir
démontré l'impossibilité où se trouvent l'administrateur et le négociant de tromper le gouvernement ; on le sentira encore bien mieux,
si l'on y ajoute les comparaisons faciles à faire
toujours entre les honnêtes gens et les fripons,
de même que les divers rapports mutuels que
je laisse subsister, comme de raison, entre les
livres et la correspondance extérieure et intérieure, entre tous les livres principaux et livres

auxiliaires, tel que celui des comptes courans, des lettres et billets de change, de caisse, d'ordres, des réceptions de marchandises, etc., etc., dont les folios doivent toujours être relatés au journal et *vice versá* du journal à ces livres. Ainsi l'on conviendra que je mets cette fois les infidèles et négligents aux abois. Je passe à d'autres réflexions.

En abolissant totalement le droit du timbre, du moins en ce qui concerne le commerce, je dégage, comme je l'ai dit, celui-ci dans son principe, d'un impôt tellement à charge et onéreux, que dans les tems de prospérité même, il est forcé à s'en ressentir et altérer.

En y ramenant l'ordre, j'y ramène l'attention, la prudence, sans nuire à son activité; car l'activité du commerce est une suite même de l'ordre qui force à ne rien oublier, à ne rien négliger; et personne ne disconviendra qu'on ne va vîte et bien, qu'autant qu'on voit clair à ce qu'on fait.

Il ne reste donc plus qu'à assurer à jamais cet ordre commercial ; c'est en donnant au commerce des surveillans habituels chargés de la vérification des bénéfices et de l'instruction au besoin des individus, sauf à fournir aux commerçans des sujets à leurs dépens, s'ils refusaient de s'instruire.

Mais j'entends déjà se récrier : peut-on offrir

au commerce une telle inquisition , quand , d'autre part, on lui offre la liberté ? Oui , j'en conviens ; c'est ici l'inquisition organisée des intrigans et des fripons ; mais je ne vois pas ce qu'y perdent et ce qu'en craignent les gens de bien. On donne bien au commerce des courtiers ; les courtiers ne savent-ils pas à-peu-près ce qui s'y passe ? Oh ! sans doute, ils savent même ce que chacun pese et vaut dans la balance générale du crédit public : eh bien ! les commissaires le sauront aussi , mais le sauront plus surement ; voilà la différence. Du reste , les courtiers ne trahissent personne ; mais disent à celui qui les emploie : Vous pouvez faire affaire avec un tel jusqu'à telle somme ; et mes commissaires ne trahissant personne non plus , diront la même chose , sans s'y tromper. Les courtiers ne peuvent point faire d'affaires pour leur compte ; mes commissaires n'en pourront pas faire non plus. Les courtiers ne forment point une chambre particulière toujours correspondante entre ses membres divers , parce que leur intérêt s'y oppose ; mes commissaires en formeront une , parce qu'ils ne seront rivaux les uns des autres qu'en probité. Les courtiers ne sont point responsables les uns envers les autres de leur mauvaise foi, de leurs négligences, de leurs préférences ; mes commissaires seront comptables dans leurs propres

biens, et garans solidairement de leurs men-
songes, de leurs indiscrétions étrangères à leurs
fonctions, de leur tolérance ou intolérance
distributive ; ils diront, ils écriront à qui le
leur demandera, étranger ou naturel de France :
Tel possédait cela le mois passé.

C'est ce qui arrive à Amsterdam, où l'on ne
trouve ordinairement de crédit qu'en proportion de la somme pour laquelle l'on est inscrit
en banque : mes commissaires seront moins exi-
geans à notre égard ; car il ne faudra pas leur
déposer des fonds, pour qu'ils disent du bien
de nous ; il faudra seulement leur montrer qu'il
n'y a que du bien à en dire.

Enfin les finances ont leurs contrôleurs ; le
commerce aura aussi les siens ; avec cette différence que ceux-ci n'auront pas la moindre autorité, pas la moindre inspection sur les pensées des négocians, ni sur leurs projets futurs.

Cependant, mes commissaires prendront chaque année dans les deux premiers mois, le résultat général, fidèle et vérifié, du gain ou de
la perte de chaque faiseur d'affaires, d'après
ses propres livres, pendant l'année précédente ;
et ce sera d'après le bénéfice seulement de chacun d'eux, que le gouvernement imposera tout
faiseur d'affaire quelconque. C'est ainsi que je
scelle la prospérité du commerce, par l'intérêt même du gouvernement à la lui procurer ;

c'est ainsi que j'éclaire le gouvernement sur les parties qu'il convient le mieux d'encourager : ainsi désormais le gouvernement et le commerce ne traiteront plus ensemble que comme d'ami à ami ; voilà comme j'attire en France les capitalistes étrangers, et comme je les intéresse au sort du gouvernement français.

Mais remarquez, sur-tout, que par cette nouvelle forme d'imposition, je dégage non-seulement les commerçans de toutes autres entraves, mais encore la plupart des marchandises de tout impôt que le peuple payait presque seul, sans s'en appercevoir, dans la masse de la consommation générale que ces impôts enchérissaient. Ainsi il en arrivera assez souvent que nous aurons, en France, les marchandises à meilleur compte qu'elles ne sont en aucun pays du monde ; que notre système commun et naturel d'impôt commercial fera sentir aux autres puissances la nécessité de changer le leur ; mais qu'elles seront arrêtées dans leur projet, soit par les préjugés du commerce et des grands, que la révolution a heureusement abolis chez nous, soit par les importunités des peuples qui supporteront difficilement d'être seuls chargés de tout imperceptiblement, lorsque le peuple de France en sera, au contraire, presque entièrement affranchi. Ainsi pendant que les uns et les autres se débattront entre eux, nous jouirons, sans que le commerçant de bonne foi puisse se plaindre du gouvernement ; et si les gouvernemens voisins font des changemens en raison de cela, nous agirons selon qu'on agira. Or, ne voilà-t-il pas aussi le commerce et l'industrie ennoblis, puis qu'aussi bien que les cultivateurs, les commerçans et artisans travailleront directement pour l'état, en travaillant pour eux ?

Du reste, l'on sent que le gouvernement aura maintenant tout le large qu'il voudra pour imposer le commerçant, sans aucun inconvénient pour le commerce ; car il dépendra de ses besoins que l'imposition soit d'un 10e., d'un 6e. et même de la totalité du bénéfice des commerçans ; mais s'il ne peut pas tirer tout son revenu, quoique ses biens ne puissent lui échapper, à plus forte raison il ne peut plus le faire à l'égard du marchand qui trouverait le moyen de faire passer sa fortune à l'étranger, si le gouvernement le réduisait à cet état de découragement. Bref, ce découragement produirait encore le marasme et la ruine du gouvernement et de l'état : il est donc bien entendu que j'ouvre au gouvernement des ressources immenses dans cet impôt sur le commerce et l'industrie ; mais que c'est pour le mettre à portée d'en user, et non d'en mésuser.

Enfin, dirait-on encore : Le négociant fraudera l'impôt ; dans ce cas, je demanderais quel intérêt il aurait à frauder le gouvernement ? Quoi ! pour un dixième peut-être, année commune de son bénéfice, qu'on lui demandera, vaudrait-il la peine qu'il cachât, à jamais, sa fortune, sans pouvoir se la rendre fructueuse ? et qu'arriverait-il, au surplus, de cette cachette, à supposer qu'elle eût lieu pour une partie de sa fortune ? Il en arriverait qu'on reconnaîtrait bientôt, d'après le premier inventaire, le faux, et que le gouvernement le ferait tomber sur le délinquant. C'est aussi pour cela qu'il associe ses commissaires au bénéfice qui résulterait de ces contraventions : n'est-ce pas de quoi les rendre vigilans dans leurs fonctions, à supposer que leur devoir et leur qualité de gens de bien ne les y portât point plus fortement encore ? C'est donc, à l'égard des commerçans, l'exercice des chambres de la monnaie et du contrôle à l'égard des orfèvres; or, fut-il jamais institution plus utile à l'orfévrerie ? et cette branche n'a-t-elle pas tombé toujours, quand la vigilance des employés a cessé ?

Au surplus, je desire donner à mes commissaires une occupation de plus, qui les rendra recommandables dans l'opinion, autant que la dignité et l'importance de leurs fonctions. Ils formeront des écoles publiques, où ils ensci-

gneront la tenue des livres : ainsi ils donneront
des états à la jeunesse commerçante de France,
qui pourra voyager ensuite dans l'étranger, ÿ
faire des connaissances, y prendre de l'usage
du monde et du commerce, et revenir enrichir
leur patrie, après avoir gagné leurs dépens. Ils
attireront ainsi, dans la république, la jeunesse
étrangère dévouée au commerce, qui voudra
en même temps apprendre et la tenue des livres et la langue française, comme les beaux
arts attirent, en Italie, la jeunesse d'Europe
qui s'y dévoue ; ce qui liera davantage encôre
les commerçans de France avec l'étranger. De
plus, ils conduiront quelquefois leurs élèves
avec eux dans le cours de leurs opérations, quand
la chose n'aura point d'inconvénient, afin qu'ils
réunissent l'expérience à la théorie : c'est ainsi
que se formera un essaim de commis vraiement ordonnés et instruits, dans lequel il
sera aisé de faire des choix heureux, pour les
attacher à tous les aggrès de la barque de
l'état, en sorte qu'ils puissent même la diriger
seuls au besoin, si le gouvernement éprouvait
des secousses violentes ; c'est ainsi enfin que la
réputation d'ordre en finances et de science
commerciale des français s'étendra par-tout avec
la rapidité de l'éclair, et qu'elle leur produira
le respect, la confiance au-dehors, et le profit
au-dedans.

Quel beau moment, français, pour l'exécu-tion de ce plan si simple, si moral et si fécond, que celui où, dans toute la république, personne n'a de dettes à cacher! graces pourtant, il le faut avouer, aux trop bons payeurs, qui ont tué crédit. Ainsi chacun pourra commencer par faire son inventaire, sans crainte d'être en-traîné à sa perte par cette mesure d'ordre; et ce sera par là que chacun commencera. Chacun pourra aussi ouvrir, sur ses livres, un compte particulier pour les résultats du jeu, si c'est-là sa fureur; un autre, pour la dépense de .son libertinage, si tel est son goût; un autre, pour les produits de l'agiotage, de l'usure ou des fri-ponneries, si c'est-là le fondement de ses béné-fices; un autre, pour ce que lui coûtent les sui-tes de l'envie qu'il porte à autrui; un autre, pour le surplus de sa table, de son luxe, de sa toilette; un autre enfin, pour les pertes qu'il essuie, soit pour soutenir son orgueil desireux ou choqué, soit pour n'avoir point su se modé-rer dans le vin ou autrement, soit pour avoir négligé ses affaires, par indolence, ou en cou-rant aux plaisirs; car c'est avec de l'argent qu'on fait et qu'on soutient tout cela, tant il est vrai, comme l'on voit, que l'argent est utile : alors, ses livres seront en même tems le miroir de sa conduite; et mes inspecteurs, s'il le veut, de très-utiles directeurs de sa conscience.

(199)

Mais je plains sur-tout les chevaliers d'industrie. Eh quoi! l'on verra que toutes les affaires qu'ils font ne sont le plus souvent qu'un agiotage de brigands, et qu'ils n'ont aucun fonds. Quoi! les négocians famés auront seuls l'avantage de jouir de quelque crédit et réputation. Quoi! le peuple verra enfin, à découvert, toutes les sang-sues qui dévoraient sa substance, ou entraînaient l'état vers sa ruine. Quoi! tous les masques tomberont, et l'on ne verra qui que ce soit faire fortune, sans savoir pourquoi. Hélas! oui; et même, je l'espère, ces messieurs me permettront, en leur appliquant ici la fable d'Esope sur le Merle et l'Oiseleur, qui, comme moi, prit le Merle dans ses réseaux, d'en extraire, pour le bien de la chose, au moins la morale; elle est ainsi conçue:

> Sur l'infidélité, qu'un empire se fonde,
> Il ne s'étendra pas:
> Mais si la bonne foi règne dans vos états,
> Monarques, espérez la conquête du monde.

Expliquons-nous maintenant, à l'égard du XXIVe. article du programme, concernant la direction des impositions vers le niveau républicain, concernant les loix somptuaires et les encouragemens à donner aux grandes entreprises, au zèle et à l'industrie. Certes, je distingue ici l'orgueil de l'émulation; par exemple: si l'orgueil tend à se gonfler des titres de financiers, banquiers, négocians, marchands, maîtres, faites payer autant celui qui y aspire, sans en avoir les talens, que celui qui s'y est enrichi et y est consommé depuis longues années. De même faites payer le luxe dont les élégans se pavannent en chevaux, en domestiques, à un tel point, qu'ils y renoncent d'eux-mêmes, et que les hommes bas qui les servent, ainsi que leurs chevaux, se portent vers l'agriculture et dans les armées, au besoin, où ils seront plus utiles : qu'au contraire les hommes qui ne font valoir que leurs bras et leur esprit, seul bien qui leur appartienne et sur lequel nul n'a aucun droit, ne payent rien directement ni indirectement, soit à titre de patente, soit à titre de charge compensative.

Cessez, au reste, d'imposer sur les feux, les croisées, les meubles ; car c'est empêcher la bâtisse ; c'est ôter le jour à quiconque en a besoin ; c'est détruire l'architecture, l'un des plus beaux arts qui existent ; c'est nuire à l'un des plus productifs commerces de Paris ; c'est attaquer enfin l'ouvrier de tout genre, qu'on emploie aux bâtimens et à leurs ornemens ordinaires. Il suffit assurément d'imposer le propriétaire sur le fonds et sur les rapports du loyer ; car c'est déjà pour lui une bien grande charge publique, que d'avoir à entretenir ses maisons.

Que si l'on me dit pourtant : c'est pour ramener

ner extérieurement l'égalité. Je réponds : Prenons garde que ce ne soit l'égalité de misère et d'ignominie que nous raménions, et croyons qu'il n'y aura d'égalité, que lorsque chacun aura le même droit de se servir de sa fortune et de ses bras à son gré ; que quand chacun se soumettra également à ne pouvoir user de sa puissance ou de son bien pour le malheur de l'humanité. Quoi ! vous jalousez les gens à grandes maisons, à grands palais ; ne devraient-ils pas plutôt vous faire pitié, puisque la plus part d'entre eux sont plus petits en mérite, que leur maison n'est grande en beauté ; d'où résulte qu'ils la voient presque toujours vide, faute d'avoir une renommée honorable qui y attire les étrangers ?

Enfin une autre considération doit décider, à cet égard ; c'est qu'un pays est plus fréquenté quand il est agréablement et commodément bâti ; de même que les habitans, décemment meublés, en sont plus considérés dans l'étranger.

Mais si, sur-tout, une noble émulation porte, par exemple, une compagnie nombreuse à rivaliser, dans l'Inde ou ailleurs, le commerce des autres nations, favorisez-la ; accordez-lui des encouragemens, de l'appui ; permettez-lui même de lever au loin des soldats, comme l'on permettait ci-devant aux fermiers-généraux de

O

lever des commis ; sous la condition pourtant qu'elle ne prendra ses denrées et ne fera d'abord ses retours que dans sa patrie ; car, dans ce cas, ce n'est pas pour les personnes que vous accordez des priviléges, c'est pour l'avantage que leurs entreprises procurent ; et c'est toujours par ce dernier côté qu'il faut examiner, en général, tous les priviléges à accorder, quand on veut les rendre utiles et ne pas blesser l'égalité.

Que si, au reste, un négociant fameux fait naviguer cent vaisseaux, un manufacturier zélé emploie mille compagnons, autant il faut alors les protéger, en ce qu'ils servent dignement leur patrie, autant néanmoins il faut les inspecter avec soin ; car plus on approche du faîte de la puissance et des richesses, plus on appartient à l'opinion publique ; et il n'appartient qu'aux vrais taléns et à la véritable vertu de s'élever à ce point : sans cette précaution, l'aigle d'Esope pourrait encore périr de la flèche dont il a fourni la plume ; et nous, des armes données contre nous, c'est-à-dire, des richesses procurées aux méchans.

Passant au XXVe. article du programme, je dirai : J'ai indiqué ci-dessus au gouvernement bien des ressources inconnues ou méconnues. Ces ressources sont, sur-tout, d'autant plus précieuses, que la plupart tendent évidemment à

occuper le français , et à le détourner de l'esprit
de vertige ; ainsi à changer enfin la légèreté du
caractère national en cette solidité de jugement ,
si propre à faire distinguer l'homme de l'hom-
melet. Cette réforme , au reste , ne va pas jusqu'à
appesantir ce génie vif, libre et enjoué dont l'a-
mabilité française se compose ; car , rien au contraire n'est plus propre à donner à l'homme cette
aimable gaieté , que d'être intimément content
de soi-même. Ainsi je vois ce peuple préparé ,
comme il n'en fut jamais , à recevoir le pli le
plus parfait, et à le garder jusques dans son
extrême vieillesse. En effet, avant sa révolution ,
il était à peine né ; mais depuis sa révolution, il
a reçu de la nature et de la société toutes les impressions et corrections nécessaires pour disposer l'enfance d'un peuple destiné à devenir ,
sinon le plus étendu , au moins le plus grand de
l'univers ; son cœur, au milieu de tant de fluctuations corruptrices dans ses extrémités, est
resté pur comme l'onde , et son ame n'en est que
plus enjouée , par la servitude où est encore sa
raison : oh ! français , heureux qui peut prévoir
vos hautes destinées ; honneur à l'ame qui s'at-
tendrit , en contemplant l'heureux naturel de
votre enfance !

Mais la nation ne se formera jamais , et ses idées
ne sauraient se développer utilement, si l'on ne
met de la suite dans l'ordre des études et des tra-

veux qu'elle doit embrasser. L'ordre général enfin,
ce guide sûr de toutes les actions et de tous les
êtres, ne naîtra jamais tant que les chefs n'en
donneront pas les premiers l'exemple: le bon
exemple des chefs est la meilleur éducation que
que puisse recevoir une nation.

Or, comment ces chefs établiront-ils cet ordre
parmi eux, si ce n'est en comparant d'abord
l'état présent à l'état passé et à l'état futur
par un inventaire exact et régulier? Ah! c'est
ici peut-être que tient la difficulté! N'importe,
levons-la, et disons, pour ôter tout prétexte
à la défiance et à la malveillance: vainement
le gouvernement craindrait d'être accusé, s'il
exposait aujourd'hui la différence énorme de
nos ressources présentes et de nos ressources passées; ses comptes sont dans ses décrets; mais cet
état de trouble ne peut durer; désormais nous
voulons des comptes, et l'on ne peut nous en
refuser. Or, pour nous procurer ces comptes,
il faut aussitôt constater légalement l'état présent, et procéder ensuite à l'inventaire de la
nation, sans interrompre pour cela le cours des
opérations et des écritures ordinaires; après
quoi il sera bien juste aussi que le gouvernement, comme les particuliers, rende annuel-
lement ses comptes, et c'est ce que je propose
par cet article; sauf à donner aussi au directoire
un ou des vérificateurs honoraires, nommés,

s'il le faut, par la nation, comme le gouvernement en donnera lui-même au commerce, qui seront nommés par lui gouvernement.

Du reste, je propose que le directoire ait, après l'année, six mois pour présenter son bilan, quoiqu'il pourrait le faire aussi facilement que les commercans en moins de tems, si l'ordre des bureaux et des administrations est bien dirigé. C'est donc principalement parce que la politique du dehors pourrait s'opposer quelquefois à cet égard, à une trop prompte publicité, que je demande six mois. Mais lorsque ce terme est expiré, rien ne peut plus souffrir, et tout gagne au contraire à l'établissement de cet ordre si desiré.

Les articles XXVI et XXVII du programme ne paraissent pas concerner les finances ; et cependant comment ramener la prospérité publique qui en est le fondement, lorsque tant de bras sont détournés de leur destination, pour faire un métier qui n'est pas le leur ? Comment aussi assurer les finances, sans assurer l'ordre et la tranquillité publique ? Il n'entre pas, au reste, dans mon plan de traiter de la politique en général ; je ne développerai donc point la raison et l'urgence politiques, qui me portent à le demander promptement ainsi : seulement je me réfère à mon plan même, pour faire décider si je suis ami du désordre, de l'anarchie, de l'injustice et de l'esclavage.

Quant à la réquisition que je propose au besoin des anciens militaires valides, c'est que je suis persuadé qu'il en est, sur-tout parmi ceux qui ont fait un service honorable dans la garde nationale, qui sont très-propres au service proposé, et qui s'y porteraient d'affection, s'ils étaient au moins dédommagés convenablement; car ne sont-ils pas nos anciens de service, nos pères en discipline, et des pères abandonne-ront-ils jamais leurs enfans? De même, je sais qu'il en est beaucoup actuellement, dans le corps même de la gendarmerie, qui ne cherchent qu'à s'en tirer, faute de moyens suffisans pour y exister honorablement; laisserons-nous donc périr nos pères d'inanition? Mais ils doivent à la nation leur service, comme la nation leur doit son appui. Du reste, leur réquisition repose sur ce principe, la nation a bien mis en réqui-sition tous les jeunes gens pour en faire des soldats, de simples citoyens qu'ils étaient; n'est-il pas raisonnable, et n'a-t-elle pas le droit de le faire à l'égard de ceux qui sont soldats de cœur et souvent de naissance, et n'ont point de raisons légitimes de s'exempter de servir leur pays?

Venant enfin au XXVIIIme. article du programe; sans doute il entre dans mon plan de parler en faveur des campagnes ; car s'il est de l'intérêt des propriétaires de favoriser le commerce, sans lequel leurs propriétés sèchent sur pied ou restent sans fruits, il n'est pas moins de l'intérêt du commerce et de tous les habitans de la république, de voir fructifier les campagnes, et de leur procurer la sureté et les aisances pécuniaires qui en garantissent la prospérité. C'est aussi pour leur procurer ces aisances reproductives, que j'ai imaginé de faire refluer dans le peuple le numéraire, source de l'abondance agricole ; c'est maintenant pour leur procurer la sureté, que j'imagine l'augmentation de la gendarmerie nationale.

Pour en sentir la nécessité, il ne faut que se rappeler avec quel ordre étaient tenues les campagnes du tems de la féodalité : le seigneur était juge, mais payeur des procès, pour tout délit commis sur ses terres ; ce qui le forçait à doubler ses gardes de tout genre, par des vues même d'économie.

D'autre part, quatre gendarmes ou maréchaussées, fermes et prudens, en imposaient à un hameau, à un village entier, quelle que fût la fermentation qui y survînt : aussi voyait-on les campagnes tranquilles et florissantes, malgré même les désastres qu'y apportaient les plaisirs et l'oppression des grands ; tandis qu'aujourd'hui, graces au défaut de police et à l'accroissement des brigands, lorsque la providence laboure elle-même, en quelque sorte, et arrose nos terres à notre gré, ses fruits abondans, faute de fidélité, de bras, de sûreté, de soins et de culture, sont maigres ou sèchent au pied.

Ne peut-on pas, à la faveur de la gendarmerie à pied et à cheval, rendre cette ancienne sûreté aux campagnes contre les voleurs privés ; et même les préserver en même tems contre toutes incursions de barbares et de brigands, en mettant ce corps, quand la circonstance le commande, à la tête des réunions d'habitans voisins rassemblés sur-le-champ, régulièrement distribués selon leurs dispositions, et exercés de manière à être toujours opposés à ceux-ci et aux chouans, avec d'autant plus de succès qu'ils seront assurés d'être soutenus de la France entière et de ses soldats ? Car, quoique rendus à nos travaux, nous sommes tous soldats, lorsque la sûreté et tranquillité de la patrie sont en danger ; et dans ce cas, se réunir contre les perturbateurs, ce n'est point faire éclore la guerre civile, c'est l'étouffer dans son berceau : or, pour y parvenir aujourd'hui, il ne nous manque que des points de ralliement, que des chefs ; et les voilà tout trouvés, si l'on fait de la gendarmerie un corps respectable d'hommes disciplinés, pleins d'honneur et de science, d'ardeur et de prudence.

Que si l'on me dit : cette augmentation de gendarmes deviendra onéreuse par l'augmentation de solde qu'elle nécessite, je demanderai s'il est plus économe, en ces tems de calamités, d'entretenir dans la Vendée, dans les principales villes de la république, et notamment dans Paris, de jeunes guerriers exposés à tous les écueils de la volupté et de la paresse, en attendant le moment d'être employés ? Veut-on donc que les français disent un jour de nos jeunes héros d'aujourd'hui, comme Louis XIV des gardes françaises : » Voilà de beaux chiens, » s'ils savaient mordre ? « Au surplus, qu'on entretienne, par exemple, hors des murs de Paris, un camp destiné à soutenir au besoin la portion de gendarmerie qu'on y emploie ; j'y consens : mais qu'on n'expose pas, dans Paris sur-tout, notre jeunesse militaire, à des fréquentations particulières, qui auraient pour effet, de l'énerver, d'entretenir l'effervescence naturelle de ses passions, l'indiscipline, et pour tout dire, en un mot, de l'entraîner un jour dans un parti étranger à la république et à son gouvernement.

Et remarquez au contraire de quel poids sera dans la balance des calculs militaires, chez l'étranger, celui qui établira que la France a toujours un corps de réserve de cent mille soldats expérimentés, dirigeant au besoin trois millions de citoyens exercés, vers les points où l'ennemi tenterait de mettre les pieds, où les vendées essaieraient de se former. Que craindrait-on, enfin, d'un tel corps pour la liberté, s'il est partout composé d'hommes rassis et disciplinés, s'il est divisé selon les besoins, et si le service en est bien réglé ?

De plus, comment s'assurer des déserteurs ? Celui qui est assez lâche pour fuir l'ennemi, n'est pas même retenu par la peine de mort, qu'il envisage alors de plus loin, comme le voleur, autrefois, au moment de commettre son vol, ou sa fraction, ou même son assassinat. Il faut donc un service de police particulier, pour assurer le service général des armées de la république ; c'est la meilleure loi qu'on puisse faire contre la désertion ; c'est la garantie des succès de nos armées ; c'est la consolation des braves, qui sont assurés ainsi de n'être pas abandonnés seuls, à leur zèle et à leur courage.

Enfin, la gendarmerie, répandue dans les campagnes, y doit faire aussi les convois militaires. Comment peut-on, en effet, confier à des messageries sans forces, notamment pendant l'échange qui a lieu actuellement, des assignats et des mandats, des sommes énormes ; de même qu'abandonner des courriers dans les routes, sans user de moyens contre les assassins et les voleurs ? On se plaint beaucoup de pareils évènemens ; mais ne doit-on pas plutôt s'étonner de ce qu'ils ne soient pas plus fréquens ? Quoi ! des mandats, des assignats, ne sont-ils pas des propriétés errantes et sacrées, nerf de la guerre et sur-tout de notre révolution ? Ne sont-ils pas aussi la fortune publique ?

Quant à la conservation de nos forêts, mentionnée dans l'article XXIX ; eh quoi ! sont-elles à nous, ces forets ? Non, elles sont à nos enfans. Dussions-nous donc souffrir le froid, nous les leurs économiserons. Quoi ! avec une patience exemplaire, des rois présomptueux, d'honorables propriétaires ont orné notre sol de vastes et riches plantis ; ces plantis sont l'ombre et l'obstacle à la rigueur des saisons, ils sont le faste dont peut, à juste titre, s'honorer une grande nation : et l'on voudrait les abatre pour la consommation !

Notre consommation, elle est dans les mines riches de la terre, et dans l'ardeur des bras faits pour les exploiter. Notre consommation, elle est à la cime de ces arbres prodigieux, qui nous servent contre le froid dans l'hiver, et contre le chaud dans l'été. Voulons-nous donc nous griller en un jour ? Non, non, le feu n'est pas la chose la plus saine du monde, et nous n'avons pas vu jusqu'ici leurs altesses, les gens de cour, les mieux chauffés, vivre plus vieux que d'autres. Arrêtons les dévastations ; ne s'en est-il pas commis assez ? Si celles en ce genre sont autorisées quelquefois , par le besoin ou le droit de la victoire , elles ne le sont pas du droit de la molesse. Réchauffons nos vieillards et nos enfans , de notre sein brûlant d'amour pour eux ; et ne consommons strictement que le nécessaire , soit en bois , soit en charbons : alors nous nous suffirons sans coupes extraordinaires, et sans engager jamais le fonds ni les revenus de nos superbes forêts.

Et notre marine d'ailleurs , comment l'alimenterons-nous ? Où prendrons-nous les bois nécessaires à nos colonies, soit pour leurs cultures , soit pour leurs envois? Irons-nous porter encore le peu d'argent qui nous reste , dans le fond du Nord , d'où il ne revient jamais , pour acheter les bois de construction , le merrein et le bois de charpente ? n'est-ce pas assez que nous soyons forcés d'en tirer les fers , les chanvres , les toiles à voile , la poix , les goudrons , &c. , au grand épuisement de notre numéraire ? Avons-nous donc oublié que nous avons perdu l'isle de Corse , qui suppléait en partie à cette dépendance absolue , dans laquelle nous nous trouvons à cet égard ?

On connaîtra l'utilité de l'article XXX, à la simple lecture : en effet, pendant des siècles, l'Italie dut sa prospérité à ses monumens de peinture, sculpture, &c., qui y attirèrent tous les élèves ou les curieux de l'Europe ; la France dut sa gloire, non-seulement à ses beaux arts, mais encore à ses savans et à ses guerriers ; l'Angleterre doit sa force à ses flottes nombreuses ; la Hollande devait son existence à sa modération intelligente et active et à son crédit; l'Espagne trouve ses ressources dans son argent : nous pouvons, avec l'ordre et le tems, réunir tous ces avantages, et les rendre utiles à nous et à l'humanité : et nous les laisserions échapper !

A l'égard de l'article XXXI, l'on sent à quel point un raisonnement, simple et fondé sur la justice éternelle, peut et doit influer sur les ames timorées, qui croient encore aux droits et aux ressources des émigrés, et par conséquent combien le développement des principes à ces égards, doit donner de crédit à la vente des biens nationaux. Je dirai donc : Les nobles, ainsi que les prêtres, ne faisaient rien, ne gagnaient rien ; et plus ils dépensaient, plus ils augmentaient leurs biens. Avaient-ils donc aussi le secret de Moyse, pour faire descendre la mâne du ciel, à leur gré ? Sans doute, et tandis que les prêtres extorquaient les biens des crédules à leur fanatisme, les nobles menaçaient et opprimaient les faibles , pour s'approprier les fruits de leurs travaux. Non contens de cela, les uns et les autres mettaient à contribution les grâces des rois de France, qui, malgré qu'ils n'eussent rien à eux, et ne pussent disposer de rien que pour l'utilité publique, n'en dépouillaient pas moins en faveur de leurs protégés, les citoyens laborieux. Or voilà le secret de la mâne du ciel, que les nobles et les prêtres savaient faire descendre sur eux. Sont-ce donc là des propriétés si sacrées, et à supposer même que la nation les en eût expulsés, eût-elle fait autre chose que reprendre le sien ? Ne pourrait-on pas enfin, dans ce dernier cas, regarder cet acte de rigueur, comme un acte de la justice de dieu même, pour apprendre à ces fainéans que l'homme est sur la terre pour travailler, et non pour s'y enfler d'orgueil et se gorger de toutes les voluptés, par l'abus d'une supériorité précaire de puissance, que donnent à certains hommes la raison et l'esprit dont il les a doués ?

Mais supposons-leur, un moment, ces biens justement acquis ; c'est-à-dire, aux ci-devant nobles ; car des prêtres qui ont opté pour ne tenir à rien, ne peuvent jamais posséder rien ; supposons aussi que leurs partisans roturiers, enrichis par le même canal, aient possédé des biens régulièrement obtenus, par un travail légitime et assidu , au moins je dirai : tout habitant de France , qui a concouru volontairement, soit en personne , soit par représentation , soit par son silence , à la formation de la loi générale , s'est , de ce seul fait , rendu garant pour son exécution , tant de sa personne que de ses propriétés ; car la loi ayant pour objet la sûreté des personnes et des propriétés , ce n'est qu'en les mettant toutes en commun , qu'elle peut les assurer toutes.

Or , qu'était l'assemblée des états-généraux ? C'était le pacte social , organisé; d'après lequel chaque individu mettait en commun , de son propre mouvement , et sa personne et sa fortune ; c'est-à-dire qu'il les engageait dans l'association , pour l'avantage général , d'où devait résulter son avantage particulier. Ce pacte fut libre , et chacun pouvait alors quitter la France , ou protester de son attachement aux principes et à la constitution monarchiques : au lieu de s'y soustraire , chacun y entra volontiers, chacun se soumit donc aux loix générales qui en devaient résulter.

Ainsi , lorsque chacun a déposé sa personne et ses biens , à titre de gage fourni pour la sûreté et validité de l'engagement qu'il a pris de se soumettre à la loi qui résultera de son association ; si quelqu'un rompt son engagement , l'association a le droit de s'emparer de sa per-

sonne et de ses biens , qui lui étaient spécialement affectés , comme nous le disons plus
haut , à titre de gage ; au moins jusqu'à ce
qu'il veuille consommer son traité.

Si , au lieu de prévenir cet acte de rigueur,
en reprenant, avant qu'il soit trop tard , la
suite et les effets de son engagement , il s'é-
chappe , alors il ne laisse point de doutes sur
ses intentions de s'y soustraire ; et l'association
s'empare avec raison , au moins de sa propriété ,
qui de ce seul fait se trouve légitimement con-
fisquée à son profit. C'est ainsi qu'un marchand
confisquerait avec justice , un gage qu'on lui
aurait consigné sur un marché convenu , si celui avec lequel il a traité , venait se dédire de
son marché. Mais , si , après s'être dédit et avoir
abandonné ainsi son gage , l'abandonnant venait
ensuite pour reprendre son premier marché , à
condition de reprendre aussi son gage , il est
libre au marchand de refuser de rendre le gage
et de ne traiter plus dorénavant avec le rede-
mandeur ; car voilà le droit d'un marchand , à
l'égard de celui avec lequel il traite , et si celui-ci se portait envers lui à quelqu'extrémité,
il a , en sa faveur, la voie de la plainte juri-
dique , que lui ouvre la justice de sa cause ,
et son droit à sa sureté particulière , tant qu'il
ne s'écarte pas de la route tracée à tous ses
confrères.

Il n'en est pas de même, à l'égard des nations, où dans toutes altercations, la justice triomphe de la résistance illicite ou de l'oppression par le droit de la guerre ; droit, au reste, toujours barbare, quand il s'exerce contre sa propre patrie. C'est alors que la justice se déclare en faveur des armes les plus heureuses, et c'est ce qui vient d'avoir lieu en faveur des proscrits ou émigrés de la Hollande, dans leur pays.

Or, c'est à ce droit que les émigrés français ont recouru. Quoique leur cause soit bien moins légitime, il se pourrait que la justice de dieu soit enfin satisfaite par les malheurs dont il les a accablés ; il se pourrait que nous dussions à la divinité, la réparation du sang que nous avons versé, lorsque quelques-uns d'entr'eux tombèrent dans nos mains désarmés, car, en pareil cas, le droit d'une nation n'est pas d'assassiner les rébelles, mais bien de les rendre esclaves et de les vendre ou employer comme tels, selon les règles de la justice et de la prudence. Mais il se pourrait aussi que la justice de dieu, qui ne laisse rien impuni, fît retomber sur les émigrés français de nouveaux fléaux, à titre de réparation des imprécations et des blasphêmes, que ces malheureux lui adressèrent dans leurs revers. Pour nous, méprisant également, dans nos revers et dans nos succès, l'insolence ordinaire qu'affectent nos

P

ennemis, prosternons-nous devant l'être suprême, soumettons-nous aux misères de l'humanité, mais combattons pour la gloire de dieu et le triomphe de la justice ; ce sera nous mettre sous l'égide le plus puissant qui puisse couvrir les nations.

En attendant le dénouement, la nation française a toujours le même droit d'arrêter et punir l'émigré parjure à son engagement primitif, par-tout où elle le trouve ; il faut qu'elle rende esclaves ces rébelles français qui blasphêment et repoussent la liberté qué la France a recouvrée. Elle doit au monde entier cet exemple rigoureux, mais nécessaire, de la fidélité que chaque citoyen doit à sa patrie, du sacrifice que nous devons tous à la pluralité, de nos intérêts, de nos affections privées. C'est ici, au reste, non-seulement la loi de France, mais encore la loi et le droit de toutes les nations ; comme c'est aussi la raison la plus forte qui lie en ce moment la nation française, en masse, et les particuliers individuellement au gouvernement. C'est enfin ce qui doit inspirer à celui-ci un éloignement ferme et constant pour toute indulgence faible, à l'égard des radiations sur les listes d'émigrations ; car il ne lui est pas permis de pallier les torts des émigrés, même pour l'intérêt du corps national entier.

Cependant il était né un fils à un émigré ;

ce fils était mineur lors de l'émigration de son père, qui l'emmena, et il revient en France avant sa majorité. Il doit y être admis comme citoyen, car il n'a pu perdre les droits de sa naissance, pour une faute qui n'est personnelle qu'à son père.

En conséquence, le fils redemande l'héritage de son père, mort ou vivant. Oh ! pour ceci, c'est différent. Votre père a joué son bien, lui répond la nation, contre ma liberté, il l'a perdu ; s'il était rentré chez moi, vainqueur, vous eussiez hérité tant de sa fortune que de ses nombreux honneurs ; il est vaincu, vous perdez, et ce que vous auriez gagné, et la portion de fortune que votre père a jouée et perdue, car il était majeur quand il le fit, ou l'est devenu depuis qu'il a persisté dans ses desseins contre sa patrie ; prenez-vous en donc à lui de vos malheurs.

Du reste, en vous recevant, nous ne voulons considérer ni votre origine, ni vos parens ; nous vous regardons comme un français qui avait transporté ailleurs ses affections et ses intérêts, et qui demande à rentrer dans son pays, en s'y soumettant à nos loix. D'après cela, si vous vous y rendez suspect par votre conduite, vous y subirez la peine due aux traîtres, et l'on vous y traitera en criminel d'état ; mais si vous y vivez honnêtement et en bon français, vous y partagerez un jour les honneurs et les priviléges des français. Du reste, vous n'avez pas perdu le droit d'hériter de vos parens restés en France. Venez donc, et aidez les malheureux du pays, autant que vous le pourrez, et vous nous serez agréable.

Pour le surplus, je m'en réfère aux observations de Rœderer, car l'humanité et la justice sont les deux bases les plus solides de là finance, quand elles marchent d'accord avec la saine politique des états, qui tend toujours à voir le tout en grand et donne en matière de justice et d'humanité, la préférence à la patrie et à ceux qui lui sont restés fidelles, sans prétendre au reste, que pour cet effet, la loi puisse jamais tétrograder sur ses bienfaits.

P. S. Avant de livrer à l'impression ce matin 4 vendémiaire an VI, le deuxième fragment de cet ouvrage, tout imparfait qu'il est, j'éprouve le besoin de consoler et rassurer ceux qui se croient bien malheureux, et qui le seront en effet s'ils veulent l'être. Il s'agit d'un arrêté du directoire exécutif en date du 26 fructidor an V, touchant la revision des radiations sur les listes d'émigration, arrêté que j'ai lu dans ma gazette d'hier soir.

Lorsque je me transporte par la pensée au milieu des nombreux parens ou amis d'émigrés, j'y entends des hommes furieux, faibles ou atrabilaires s'écrier : Voyez-vous donc le train que prend la réaction ? mais citoyens , (car je veux qualifier de ce nom précieux ceux d'entre les ex-nobles qui furent constament gens de bien ,) n'est-ce pas vous aveugler, que de nommer une réaction nouvelle la destruction de. l'ancienne réaction ? A qui devez-vous vous en prendre de cette opération ? n'est-ce pas à ceux qui encourageaient si obligeamment les vôtres à revenir soufler leur venin royaliste dans leur pays ?

Après tout consolez-vous, rassurez-vous ; car s'il m'est permis d'interpréter les intentions du directoire, d'après sa moralité connue, l'arrêté en question n'atteindra que les audacieux ou les serpens cachés : le directoire sait trop bien qu'il ne peut consacrer l'infidélité en matière de loix ou d'arrêtés passés , sans autoriser la rébellion aux loix et arrêtés présens et futurs. Eh ! ne voyez-vous pas qu'au moment où il s'agit de rendre à nos armées , prêtes à rentrer en campagne et à rompre ainsi le fil de toutes les perfidies , une juste confiance dans la destruction intérieure du royalisme et de son esprit qu'elles vont attaquer à l'extérieur si nos ennemis les y forcent ; ne voyez-vous pas , dis je, qu'il est urgent d'occuper de leurs propres intérêts les conspirateurs du dedans?

Louis XVI , par sa faiblesse pour vous , a usé à votre égard d'atrocité , puisqu'il vous a causé tous les maux dont aujourd'hui vous voudriez lâchement être vengés ; le directoire au contraire par sa fermeté use envers vous d'une bonté vraiment paternelle : et vous la méconnaissez !..... Moi-même j'ai commencé avant-hier à afficher le plan de mon travail ; et hier j'ai vu en bien des endroits des déchirures faites au doigt sur ce qui tend à donner de la confiance dans le gouvernement actuel de France, comme si l'on préférait périr d'inanition plutôt que de n'être point flatté dans ses passions.

En vérité, ces déchirures m'ont fait pitié. Rappellez-vous donc, ô vous qui vous plaignez, l'époque du 9 thermidor an III. Vous disiez alors : Les hommes qui sont aujourd'hui à notre tête ne nous plaisent point, mais enfin si l'on veut éviter de retomber dans l'anarchie ou de provoquer une nouvelle tyrannie, il faut un gouvernement réglé auquel on puisse se rallier ; rallions - nous donc à celui que nous avons : Par quelle fatalité voulez-vous aujourd'hui provoquer de nouveau l'anarchie ou la tyrannie, en méprisant votre gouvernement? eh ! gardez pour vous et vos louanges et votre blâme ; le gouvernement actuel est insensible aux unes et ne s'arrête point à l'autre : jamais un bon gouvernement ne fut vanté généralement au moment où il l'a le plus mérité ; c'est à l'histoire, c'est à la postérité à faire justice du gouvernement qui vous déplaît , et de bien bon cœur il s'y soumet ; mais pour vous, pensez du moins à vos intérêts, si vous avez perdu tout-à-fait le sentiment de la patrie

Ceci répond en même tems à cette partie du discours sur l'érection à faire d'un monument en mémoire de la journée du 18 fructidor , prononcé hier , par Boulley , au conseil des cinq cents , où ce représentant dit : » Le gouver-» nement était avili et conspué comme celui » de 1792 ; mais le directoire , *peu jaloux de* » *subir le sort de Capet*, se voyant menacé, &c. » Quoi ! Boulley , vous attribuez à la crainte qu'eut le directoire de subir le sort de Capet la journée du 18 fructidor ! C'est ainsi que des ames de boue, mesurant selon la leur , l'ame de Caton , attribuent le suicide de celui-ci à la crainte qu'il avait de César. En vérité rien n'est plus édifiant que de donner ainsi à penser que la vertu et les principes sont parmi nous remis en dépôt dans les mains d'hommes qui les feront tourner selon le vent de l'échafaud ! Heureusement , je crois que si le conseil des cinq cents eut remarqué cette phrase , il se fut bien gardé d'ordonner l'impression du discours de Boulley au nombre de six exemplaires , nombre qui paraît celui fixé maintenant pour les objets qui peuvent plus ou moins flatter les représentans.

Voilà , dira-t-on , en lisant le XXXIIme et

deraier article du programe , deux propositions bien vagues, sans doute ; et qui ne doivent pas rester sans développemens ; pour qu'elles ne soient sujettes à aucuns abus , soit de la part du gouvernement , soit de la part d'une portion du peuple , égarée par ses passions ou par des intrigans. Elles sont directement liées à mon plan de finances , car comment soulager le peuple et assurer les finances , si l'on ne consulte l'opinion publique , et si l'on n'en assure absolument la liberté ! Qu'est-ce , après tout , qu'un gouvernement sans opinion publique ? C'est un gouvernement sans gouvernement.

Maintenant , qu'est-ce qu'un factieux ? Par exemple , je préférerais la chûte des finances à la chûte de la liberté ; suis-je pour cela un factieux ? Ou , parce que je prends , en cet instant , l'essor élevé de la raison et de la liberté , faut-il bien vîte un Brutus , un Scévola , pour tyrannicider en moi , un citoyen dangereux ? Non , je ne le crois pas ; si toutes fois je ne m'accole à aucune faction étrangère au gouvernement ; car tout bon citoyen est celui qui se réunit au gouvernement de son pays ; sur-tout quand il s'agit d'un gouvernement qu'il s'est donné , et qui le régit avec ordre, justice et dignité. Au reste , et puisque je me suis mis en avant , il faut que je dise , au moins à mon sujet , que si je suis toujours resté

ignoré ; que si je ne fus jamais rien , c'est
qu'on n'a jamais voulu de moi , car je n'ai
jamais manqué à aucuns devoirs du citoyen ; et
sans user jamais de souplesse pour m'avancer ,
j'aurais accepté tous les emplois qu'on m'aurait
donnés. Aujourd'hui encore , il s'agit de sauver
la patrie , et l'on voit que je ne me fais pas
prier , car ce n'est qu'ainsi que je sais me
venger de l'oubli auquel l'on m'a toujours réduit.

Mais une autre question à examiner est celle
de la légitimité ou illégitimité des arrestations
de pure précaution , qui ont souvent lieu , même
dans le régime de la liberté ; comme si la liberté
était un instrument malléable qu'on étende ou
resserre à son gré. Pour la résoudre , j'oppose au
principe de la liberté individuelle celui de la liberté et de l'intérêt de la nation ; lorsque le gouvernement qu'elle a institué pour sa félicité
croit, dans sa sagesse, la sureté générale plus
ou moins exposée par les manœuvres ou inconséquences, vraies ou supposées, d'un ou de plusieurs individus cachés ou fougueux. En effet,
le serpent qui rampe, et le lion qui rugit sont
également dangereux à la société : ainsi lorsque
l'homme prend la tortuosité ou la férocité de l'un
ces animaux, il est de l'essence et de la nature
même de la liberté d'écraser ce vipère, ou d'enchaîner ce monstre, qui feraient peur aux pas-

sans, du moins c'est mon opinion; car je ne puis consacrer en principe la liberté de nuire à autrui, quand la justice et l'intérêt de la patrie ne l'exigent pas essentiellement; et tel qu'on me voit, j'ai vécu avec tout le monde, et n'ai jamais dénoncé qui que ce soit.

Or, mon opinion, à cet égard, doit être de quelque poids, puisque j'ai eu moi même l'honneur d'être arrêté et traduit militairement de Dunkerque à Paris, pour une phrase inconsidérée qui s'était glissée dans un assez long discours que je n'avais fait que brocher deux heures avant de le lire. Certes, il ne s'agissait de rien moins que de mauvaises intentions de ma part, et le gouvernement l'a reconnu ainsi; mais un apothicaire et un procureur qui s'étaient arrogés le droit exclusif de traiter et raccommoder les maladies publiques, avaient résolu de m'apprendre à me mêler de mes affaires. Ainsi le premier me prit par derrière, le second par devant; et tous deux parvinrent ainsi à se faire un grand parti, à l'aide duquel ils trompèrent la religion du représentant Berlier, qui me fit arrêter, et me fit mettre en liberté lorsqu'il fut mieux instruit. Pour moi, qui ne suis point un Socrate, mais qui avais encore récente à la mémoire l'accusation d'Anitus et de Mélitus, je pris sur-le-champ mon parti : s'il faut périr, me dis-je, rendons au moins ma mort utile. Alors je commençai par avouer et reconnaître publiquement que j'avais commis une imprudence contre mon intention, et demandai moi-même un mois d'emprisonnement, autant pour justifier à loisir le sens de la phrase qu'on me reprochait, que pour satisfaire à la réprimande publique qu'elle avait pu provoquer contre moi. Mais, comme je l'avais prévu, j'avais affaire à deux mauvais garnemens, ils ne s'en tinrent pas là ; et je subis, de leur part, tout ce qu'ils purent obtenir de leurs faux rapports et de leurs manéges pour corrompre, à mon égard, l'opinion publique ; tandis que, de mon côté, m'appercevant que je serais un sujet de trouble si je me défendais ; (car j'avais pour moi le peuple, la justice et une longue suite de conduite politique directement opposée à celle qu'on me supposait) je préférai me sacrifier dans ma personne et ma fortune, plutôt que d'exciter quelque juste rumeur contre les autorités constituées, qui partagèrent les excès des deux champions ci-dessus indiqués.

Voilà donc comme j'entends la liberté : Quiconque veut en jouir, doit penser qu'elle est au bout d'un sentier hérissé d'épines, et bordé de précipices dans lesquels il est à chaque instant exposé à tomber. En conséquence, il doit y marcher avec prudence, mais avec fermeté ; et comme il peut, ainsi que Jésus, prédire sa mort, en ce qu'elle se rencontre toujours dans le sentier de la liberté comme de la vertu, il faut qu'il ait soin d'y être toujours préparé, d'être conséquemment toujours juste, grave et digne de celui duquel il doit recevoir le prix de ses efforts pour le triomphe de sa gloire. C'est ainsi qu'en épurant, pour sa part, les mœurs par son exemple, l'on parvient à donner à la liberté et à la vertu ce caractère auguste et redoutable qui les fait retentir au sein même de la retraite la plus obscure et la plus isolée ; c'est ainsi qu'on parvient à donner à l'opinion publique ce caractère sacré de la vérité et de la justice qui enchaîne le gouvernement lui-même à la vertu, et le retire des ténèbres, lors qu'enfin il tend à se corrompre ou à se relâcher.

Au reste, je desire aussi l'extension de la morale publique, et suis, sur-tout très-porté à la tolérance pour les opinions religieuses, puisque quelles qu'elles soient, elles ont toujours la justice pour objet. Mais quant à la morale politique, je la voudrais voir en ce moment renfermée exclusivement dans ces paroles : « Nous » ne sommes plus riches ; mais nous travaille- » rons gaiement, et serons économes ; c'est-là » notre trésor caché. Loin de nous la discorde ; » les anglais et les émigrés nous en font assez » ressentir les funestes effets ; ils nous ont ac-

» coutumés au malheur ; le malheur aujour-
» d'hui n'a plus de pouvoir sur nous. »

R E Y S.

Paris, le 17 messidor, 4e. année Républicaine.

Avis de l'auteur au lecteur.

L'on a vu comment mon mémoire de 1790, relatif aux assignats, a été écarté, au Cercle Social, par des félicitations, et aux jacobins par un rapport étranger, et cependant contrefait sur son objet : mais, ce qu'on ne sait pas, c'est que Rabaud-de-Saint-Etienne et Bureau-de-Puzy, (1) qui, de l'aveu de l'assemblée constituante, ont développé le mieux les pour et contre relatifs aux petits assignats que le public demandait alors, ont pris exactement tous ces pour et contre, sauf l'arrangement des mots qu'ils déguisèrent artistement, dans le mémoire en question, que j'avais adressé à chacun d'eux en particulier, et qui crurent apparemment que c'était, de ma part, un hommage exclusif à l'éminence de leurs talens.

Dans cette persuasion intime, ni l'un ni l'autre n'ayant voulu paraître tenir le fond de leurs

---

(1) A l'égard du dernier, il serait possible que je me me trompasse de nom, mais le nom ne fait rien à la chose.

raisonnemens d'aucune voie étrangère, se gar-
dèrent bien de se communiquer réciproquement
la source de leurs lumières : aussi en arriva-t-il,
quand l'assemblée constituante s'en fut référée
à eux deux pour le parti qu'elle aurait à prendre
à l'égard de la division des assignats, qu'au
lieu de concilier tous les intérêts par des mesures étroitement liées entre elles que j'indiquais,
ils prirent une espèce de milieu qui annonçait
pleinement leur incapacité originaire à l'égard
de la question qu'ils s'étaient ingérés de traiter ;
et il en arriva ces fatales leçons que le gouvernement reçut enfin de la nécessité, et le boulever-
sement général de l'ordre et des mœurs dans la
société. Pour moi, froid spéculateur et citoyen
impuissant, j'ai versé quelques larmes et me
suis dit : C'est donc ainsi qu'on sert sa patrie,
en envoyant, à grands frais, à des députés présomptueux et méprisans, des moyens dont ils
prétendent se faire honneur, et dont ils ne savent user qu'à notre détriment : hélas ! conti-
nuai-je, pour m'en consoler, combien d'ouvrages, plus importans que le mien, ont eu, sans
doute, le même sort.

En effet, je ne parlerai point de ceux que
j'ai constamment envoyés, soit aux assemblées
nationales en corps, soit à quelques-uns de leurs
membres en particulier ; parce que, n'ayant jamais eu ni cherché, près de qui que ce soit,

d'autre recommandation que ma plume , je sens que mon peu de succès peut provenir de mon peu de talens : mais puis-je passer sous silence que le hollandais Vanderhey , l'un des hommes, les plus instruits et consommés du siècle , dans la finance, et la législation , âgé alors de 65 ans, et mort, je crois, aujourd'hui, ait eu le même sort que moi pour les ouvrages financiers et politiques qu'il a envoyés aux mêmes corps et aux mêmes hommes ; excepté toutes fois un seul de soixante pages , qu'il adressa au comité de constitution de l'assemblée constituante , et auquel le représentant Camus donna deux mots d'éloges, lorsqu'il faisait partie de ce comité.

Cependant , ce citoyen avait correspondu, de tout tems , avec les différens cabinets de l'Europe , pour le bien de l'humanité , et il en avait toujours éprouvé de la satisfaction : serait-il donc bien possible qu'avec huit à neuf cents législateurs , l'on fit alors moins d'ouvrages qu'on en faisait auparavant avec un seul roi ? ou bien la confusion est-elle , en effet , le partage réservé aux assemblées nombreuses? Ah ! rejettons cette idée, qui soulève d'indignation la liberté ; mais ne perdons jamais de vue que la liberté sans l'ordre , sans le travail et sans un amour éclairé de la patrie , est le plus grand des fléaux qu'une nation puisse demander.

Après avoir cité le nom d'un grand homme, sans doute trop inconnu, j'aurais mauvaise grace de me citer encore. Cependant je dois dire, pour l'intérêt public, qu'à peine arrivé à Paris, en prairial an 4, j'allai trouver chez lui le représentant Camus, le lendemain d'un rapport qu'il fit sur les finances, et lui offris de lui communiquer verbalement mes idées, sans autre intérêt que de le porter à les faire valoir lui-même, s'il les trouvait utiles. Je ne communique avec personne, fut la réponse de ce représentant. Tant pis, lui repliquai-je ; car vous suivez la carrière du grand Colbert, et celui-ci ne se forma qu'à force de communications, il ne mit de l'ordre dans ses idées qu'à force de leur rapprocher toujours celles des autres esprits justes comme le sien ; il ne donna enfin et n'exécuta ses plans divers, qu'après avoir apprécié tous les plans et ouvrages qui lui furent présentés, et qu'il savait attirer à lui dans le besoin. Alors le représentant Camus me dit : Si vous voulez m'adresser un mémoire, je le lirai, et si j'y trouve quelque chose de bon, j'y répondrai. Mais sachant de quelle manière le même représentant avait répondu à Vanderhey, et que les idées de celui-ci avaient été tellement défigurées et mal appliquées, qu'elles avaient produit plus de mal que de bien, j'eus soin de n'en rien faire.

Cependant

Cependant, dans un autre moment où mon cœur saignait, en voyant les maux qui menaçaient ma patrie , je résolus subitement de m'adresser à l'Institut national des sciences , où je savais que les membres les plus distingués du gouvernement assistaient ; et pour me fortifier moi-même contre les dégoûts qu'on m'a fait éprouver , je traçai et distribuai , à la hâte , en messidor dernier , au sein de l'Institut , le croquis d'un plan de régénération des finances et du commerce de France , applicable aux circonstances , et c'est le programme qui est en tête de cet ouvrage. Mais je n'avais pas prévu qu'effectivement un corps de philosophes savans doit regarder comme au-dessous de lui de s'occuper d'argent : c'était aussi la maladie de Platon , qui , pourtant , il faut en convenir , n'aurait jamais pu , sans finances , faire marcher sa république.

Enfin je me retournai vers le Directoire exécutif, en mains duquel je fis remettre moi-même , dans un paquet , douze exemplaires du programme en question , avec copie des deux lettres adressées à l'Institut , et que je transcris , ainsi que ma lettre au Directoire , au bas de cet avis.

Mais puis-je me plaindre , à cet égard , de l'inattention d'un corps dont , sans doute , aucun des membres ne ressemble à Rabaud-de-Saint-Etienne , ou à Bureau-de-Puzy , puisqu'il est

Q

formé, il le faut avouer, ainsi que l'Institut, des plus grands hommes de France et des plus vertueux ? C'est moi-même apparemment qui ai méconnu ce principe aujourd'hui reçu, que ce corps ne peut être à la fois le cerveau de la nation et son bras d'exécution ; je devais m'adresser au corps législatif, ainsi qne je le fais aujourd'hui, par la pétition expresse qui termine cet ouvrage.

Puissent, sur-tout, ces explications nécessaires et l'offrande que je fais à ma patrie de mon zèle, ne produire contre moi aucuns ressentimens particuliers ! En tout autre tems, j'aurais pu, comme je l'ai toujours fait, déguiser prudemment les vérités de tout genre que je professe aujourd'hui ; mais quand la république est à deux doigts de son tombeau, quand mes concitoyens sont sur le point peut-être de s'entr'égorger au moment de sa chûte terrible, il n'est plus temps de leur rien déguiser. Il est, pour les véritables citoyens, des devoirs rigoureux que la nécessité leur commande, et qu'ils doivent remplir au péril même de leur vie ! Au surplus, que le gouvernement me lise avec soin, et il verra qu'il n'eut jamais de plus fidèle sujet que moi, et les hommes de tous les pays de plus sincère ami.

REYS, *au Directoire exécutif*.

Citoyens Directeurs,

Un citoyen à qui il ne manque que des amis pour faire le bien, s'adresse à vous.

Voici le programme d'un plan de régénération des finances et du commerce de France. Il Il est calqué sur ces trois bases : Rendre au gouvernement et au commerce leur crédit ; imposer chacun selon ce qu'il possède ou selon ce qu'il gagne, et décharger ainsi l'ouvrier à la journée directement et indirectement ; rétablir l'ordre par-tout, sans lequel toutes réformes sont inutiles, et toutes ressources deviennent un fléau.

Pour ne pas abuser de vos moments précieux ; et cependant afin que mon ouvrage vous parvînt avec fruit, j'en offris, le 2 de ce mois, le programme à la seconde classe de l'Institut national des sciences et arts : la lecture en fut remise à la séance du 7.

Le 7, je m'y présentai, sans être entendu ; le 12, j'y distribuai mon programme imprimé ; enfin, hier 17, l'on rappela devant moi le trait ridicule d'un plan de finances offert avec un assignat de 10,000 livres, et j'allais être éconduit à la faveur de cette raillerie, lorsque le représentant Baudin rappela à la classe qu'elle s'était liée à m'entendre, que par conséquent elle ne pouvait que prendre du tems pour se mieux pénétrer de mon programme, et me faire dire ensuite le jour qu'elle pourra en entendre les développemens ; et ce fut l'avis que la classe adopta.

Plein de respect pour sa décision, je ne la regarde pas moins comme une calamité, puisqu'elle entrave les ressources que le gouvernement eût pu tirer sur-le-champ de mon plan. C'est aussi ce qui me porte à vous en adresser douze programmes provisoirement.

Je saisis cette occasion pour vous dire, à vous seuls, mais avec franchise, que des observateurs, (royalistes sans doute,) qui remarquent les progrès de la vente des biens nationaux, insinuent déjà avec assez de succès dans le public ce proverbe : *malè parta, malè dilabuntur.*

Ah ! c'est un proverbe qui sera fatal au gouvernement et même aux acquéreurs, s'il est vrai que vous ne trouviez pas de moyens de pourvoir à tous les besoins, sans continuer à prodiguer les riches domaines de la nation. Qu'aujourd'hui en effet le gouvernement trouve son salut dans cette prodigalité ; qu'aujourd'hui les acquéreurs sautent de joie, en recueillant les fortunes rapides que cette prodigalité leur produit, je le conçois : mais ne conçoit-on pas aussi combien de larmes de sang ce systême destructeur va faire répandre aux français , avant même qu'ils ne soient parvenus à assurer leur liberté ?

Hélas ! je mourrai peut-être moi-même , ou je serai enchaîné par les méchans pour vous avoir dit la vérité , pour vous avoir offert des remèdes aux maux de la patrie ; mais la patrie m'est plus chère que ma vie , que ma liberté. Lisez mon programme ; c'est la terreur de l'improbité , il ne peut donc que vous être agréable. Alors si vous en voulez entendre les développemens , vous me ferez appeler, et trouverez en moi un homme simple , et qui sait mieux travailler que parler ; un homme enfin qui consent à vous consacrer sa vie et ses travaux sans fruit et sans gloire , et qui n'aspire qu'au témoigrage secret de sa propre conscience , s'il parvient à être utile à la république , en lui donnant l'impulsion de l'ordre et de la probité.

Salut et respect au gouvernement, et à vous , citoyens directeurs, qui en êtes la force et l'ornement.

Signé, R E Y S ,

rue Bourg-l'Abbé N°. 23.

Paris , ce 18 Messidor an IV de la république.

P. S. Voici copie de deux lettres que j'adressai le 12 et le 17 de ce mois à la seconde classe de l'Institut ; d'après lesquelles vous connaîtrez mes principes , autant que mon zèle.

R E *Y* S *, au citoyen Sieyes , président de la seconde classe de l'Institut national de France, ou à son supléant.*

Citoyen président,

J'annonçai, le 2 de ce mois, à la classe honorable des savants que vous présidez un travail complet sur la régénération actuelle des finances et du commerce ; et je lui demandai, par l'entremise du citoyen Mentelle , l'un de vos honorables confrères, qu'elle me permît au moins la lecture du programme : elle me remit pour cela au septidi suivant. En conséquence, je parus dans son sein ce jour-là ; mais l'ordre des travaux importans de la classe ne lui permit pas de m'entendre.

Aujourd'hui je viens demander à la classe, par votre entremise que je vous conjure de me prêter , s'il n'y a point de ma part d'indiscrétion d'assister à ses séances , jusqu'à ce qu'elle ait la commodité de m'entendre ; enfin si je puis, ou quand je puis espérer d'être entendu.

Croyez , citoyen président, que mon empressement n'a d'autre but que le salut de la patrie en général , que l'intérêt du gouvernement en particulier, qui souffriraient l'un et l'autre considérablement , si l'on attendait pour présenter des remèdes à leur situation qu'il ne fût plus tems de les appliquer.

Croyez enfin que celui qui s'adresse au centre même des lumières, n'est point un factieux obscur et à prétention : non, président, mes seules prétentions se bornent à dire la vérité sans art, et à concilier pourtant tous les esprits au gouvernement, sans pour cela flatter personne; mais à présenter sur-tout des remèdes aussi doux, aussi justes, aussi simples que leur objet est grand et digne de la première nation du monde.

Au surplus, vous pourrez juger, à la seule lecture du programme, s'il conviendra de m'accorder plus de tems pour la lecture de ses développemens, qui dirigent en perspective vers l'exécution de tout le plan, sans livrer l'auditeur aux calculs et aux dégoûts qu'entraînent ordinairement ces sortes d'ouvrages.

Salut et respect à l'honorable classe des savants, et à vous citoyen, son président.

Signé, REYS.

Paris, le 12 messidor, an IV de la république.

Lettre du même au même.

CITOYEN PRÉSIDENT,

Conformément à l'invitation de la seconde classe savante que vous présidez, je me rends à sa séance, pour lui demander quand elle pourra, ou si elle pourra m'entendre sur la régénération des finances et du commerce de France.

Sans doute rien n'est plus important que ce qui touche l'intérêt de tous ; mais aussi rien n'est plus dangereux que de traiter cette matière, lorsqu'on doit triompher des hommes vains ou à préjugés, des nég igens ou des fripons.

Comme c'est le but de mon plan ; et comme j'en dois compte à la nation et au gouvernement, dans toute sa pureté, je viens prier la classe, par votre organe, de cotter au moins et arrêter mon ouvrage *ne varietur*, dans le cas où elle ne pourrait pas en entendre la lecture aujourd'hui et jours suivans.

C'est ce que j'attends de l'attachement que manifeste, pour le gouvernement, l'honorable classe à laquelle j'ai dédié mon programme, et que j'ai choisie par conséquent pour mon patron. En revanche, je lui promets que si, lors de la lecture de mes développemens, il s'y était glissé quelques mots ou réflexions qu'elle condamnât, je serai empressé à les corriger, n'ayant point l'intention d'offenser personne.

Salut et respect, etc.

Signé, REYS.

rue Bourg-l'Abbé N°. 23.

Paris, le 17 messidor, 4e. année républicaine.

Le citoyen REYS, aux journalistes de France.

Paris, 11 vendémiaire, 6ᵉ. année républicaine.

CITOYENS,

Il existe naturellement et nécessairement des rapports, entre les journalistes honnêtes et les citoyens travailleurs accoutumés à penser, qui aiment assez leur patrie et l'humanité pour se dévouer en faveur de celles-ci. Quand les uns émettent des opinions ou font entendre des sons, les autres sont autant d'échos fidèles qui les répètent et les étendent au loin, par un accord vraiment harmonieux.

Je dis *autant d'échos fidèles* ; car, citoyens, vous avez tous expérimenté plus ou moins, que le journaliste qui sort de sa sphère et ne peut se défendre de donner du sien, ne tarde pas à devenir l'esclave d'un parti, dont il finit par partager la bonne ou mauvaise fortune ; tandis qu'au contraire, celui qui se possède assez pour se borner à rendre fidèlement et impartialement, non pas ses opinions propres, mais l'opinion publique, ou les opinions particulières qui peuvent tendre à diriger utilement son siècle et à éclairer avec exactitude la postérité, reste libre et inviolable au milieu des fluctuations de toutes les passions contraires.

Je viens vous fournir de ces articles assez pi-
quans, je crois, par eux-mêmes, mais sur-tout
assez utiles pour mériter votre attention. Je ne
vous engage pas à les répéter journalièrement
dans vos feuilles périodiques, puisqu'à cet
égard, votre intérêt doit être mon juge ; mais je
crois pouvoir vous observer qu'il existe des pierres de touche, invariables et sures, en matière
de véritable patriotisme, comme en matière de
véritables lumières : or si le cahier inclus, dont je
vous fais l'offrande, ainsi que ceux qui le suivront
chaque primidi de décade, étaient de ces pierres
précieuses et inaltérales, ne serait-il pas fâcheux
pour des hommes qui, comme vous, occupent
les bancs de la magistrature de l'opinion, de
s'être trompés, faute d'avoir voulu considérer
les nuances restantes de toutes les pièces qui y
seront marquées et épurées au plus efficace mor-
dant ? Quoiqu'il en soit, je me borne, quant à
moi, à vous prier de lire avec attention ce premier cahier.

Salut et fraternité, R E Y S.

au palais Egalité, galeries de pierres, n°. 124,
côté des rue et passage de Valois.

Le cioyen R EYS, aux diverses Universités et Académies, en Europe.

M ESSIEURS ,

L'HOMME qui vous écrit, est un citoyen français, bien ami de sa patrie, et vraiment touché des maux que doit encore souffrir l'humanité, par suite de la guerre qui semble prête à se renouveller, si l'honorable philosophie ne s'élève de toutes parts, pour préserver l'Europe, sur les bords de l'abîme.

Je parle à des philosophes, à des savans, et je ne crains point d'agiter les flots tumultueux des passions désordonnées. Ils savent, les hommes à qui je m'adresse, que tout est dans l'ordre, lorsque chaque citoyen se rallie de bonne foi au gouvernement de son pays ; et jamais une aussi respectable académie que la vôtre, ne préconisa la trahison, bien qu'elle tournât contre les ennemis de sa patrie.

Nos principes seront les mêmes, mais les circonstances nous forceront respectivement à prendre des mesures différentes. La nature d'un gouvernement républicain ne peut être celle d'un gouvernement monarchique. Du reste, tous les gouvernemens se rapportent, quant au fonds, en ce qui concerne l'ordre et la justice, sans lesquels nuls ne peuvent subsister : or , tout citoyen , qui , comme moi , professe ces deux points , est par-tout l'appui des hommes probes qui tiennent le timon de l'autorité , et ne saurait être dangereux au-dehors , non plus que dans sa patrie.

Ces réflexions me portent à vous adresser le premier cahier d'un ouvrage volumineux, intitulé : *Essai sur la régénération des finances et du commerce de France* , dont partie est encore sur le bureau , pendant que l'autre partie se livre successivement à l'impression , pour paraître par cahiers suivis chaque dix jours. Ce ne sera pas le louer , sans doute , que de vous dire que je n'en attends pas grand succès dans Paris , car je connais le proverbe qui dit : *l'on n'est pas bon prophète dans son pays.* Je n'ai cependant rien négligé pour mettre mes travaux à la portée , même des esprits les plus bornés , moyen qui me paraît indispensable , quand on veut faire le bien.

Quoiqu'il en soit , il manque à mon ouvrage la critique sévère , mais véridique , des savans , et je viens avec confiance provoquer la vôtre ; persuadé qu'il n'existe point de division entre les hommes de bien de tous les pays, qui sont par-tout amis sincères de leur patrie.

Respect et admiration,

R E Y S.

Paris , 16 vendémiaire , an VI.

*Même circulaire du citoyen Reys, aux savans
des républiques de Hollande et d'Italie,
avec cette substitution au troisième para-
graphe.*

Nos principes seront les mêmes, car nos républiques sont nécessairement confédérées par
l'analogie des circonstances qui les lient: mais,
il le faut avouer, la tête de l'hydre renaîtra
toujours, et nous ne pourrons décourager à
jamais les tyrans coalisés contre nous, si nous
n'établissons la liaison intime et uniforme de
l'ordre et de la liberté dans le sein de nos gouvernemens et nations respectives. &c.

---

*Reys à M. Busch, directeur de l'Institut des
finances et du commerce, à Hambourg.*

MONSIEUR,

L'orsqu'on a, comme vous, rempli l'univers de
son nom par des lumières politiques et littéraires
étendues, l'on est accablé quelquefois du fardeau
que la gloire même traîne après elle, celui de l'importunité des auteurs qui joignent à de bonnes
intentions le desir d'acquérir de la renommée.
Ce n'est pas du moins pour cette dernière fin que
je m'adresse à vous ; mais c'est dans l'espoir

d'intéresser votre amour pour l'humanité, par mon zèle particulier pour elle, et de vous engager à critiquer sévèrement, mais véridiquement, le projet ci-joint, qui forme le premier cahier décadaire d'un ouvrage volumineux que j'ai destiné, autant à établir l'histoire financière de la France, durant sa révolution, qu'à consolider le grand œuvre de la régénération de ce pays, du côté le plus important dans tout état, dans tout gouvernement.

Il faut peu de mots pour être senti par ceux qui, comme vous, monsieur, ont rempli l'honorable tache de penser et d'écrire pendant leur vie longue et glorieuse. Si vous n'êtes pas prévenu contre moi, d'après l'âge encore peu avancé où je m'élance dans la carrière, daignez encourager mes efforts par quelque signe ostensible, comme vous soutenez mes pas par vos lumières et vos vertus.

Respect et admiration.

R EYS.

Paris, le 16 vendémiaire, 6e. année républicaine.

P. S. Je joins à celle-ci une lettre pour l'honorable Institut que vous avez l'honneur de diriger.

ADRESSE du citoyen REYS, au corps législatif de France.

CITOYENS REPRÉSENTANS,

Le corps législatif, devant lequel j'ai l'honneur de me trouver, a tant éprouvé combien peu il existe d'hommes profonds et conséquens parmi tous les faiseurs de projets et de plans, qu'il a pu, qu'il a dû peut-être payer d'indifférence la plupart des travaux qui lui ont été présentés.

Dans un temps où, selon le rapport du représentant Sieyès, le corps législatif recevait huit cents plans de finances par mois, les uns faits au café, les autres écrits sur le genou dans les promenades publiques, j'envoyai aussi le mien; ou plutôt en m'écartant de la pente ordinaire, qui tend toujours à déprécier les travaux d'autrui, j'adressai, en brumaire an 4, dans cette enceinte, la justification, presque complette, du plan de finances alors mûrement médité par le conseil des cinq cents, et rejetté trop légèrement, je pense, par le conseil des anciens. Cette justification aura sans doute été confondue avec les huit cents plans du mois, et je ne m'en plains pas.

Depuis, au lieu de m'épuiser en vaines tentatives pour concourir au salut de ma patrie,

R

selon mes faibles lumières , je me suis attaché principalement à augmenter mon premier fonds, à compasser les événemens financiers, et à lier enfin un système complet d'appréciations et remèdes en finances, proportionnément aux biens et aux maux que j'ai vu tour-à-tour éclore dans cette partie.

Il est résulté de mes travaux que je suis parvenu non-seulement à présenter aujourd'hui un plan de régénération financière et commerciale, invariable quant au fond ; mais encore à rassembler , avec brièveté, ordre et clarté , les principes généraux des finances et du commerce, tels, je crois, qu'ils doivent toujours être placés sous les yeux des législateurs de la France, afin qu'ils leur servent, au besoin , de guide dans leurs diverses opérations journalières, en tout ce qui concerne l'intérêt public.

Par un placard que j'ai fait afficher à trois reprises dans Paris, ayant pour titre : *Essai sur la régénération des finances et du commerce de France* , plusieurs d'entre vous auront vu déjà la tâche immense que je me suis imposée ; et je ne doute pas qu'une entreprise aussi vaste vous aura laissé de moi l'idée que je suis un citoyen dont le zèle va jusqu'à la témérité , même jusqu'à la folie. J'avoue que si je n'avais consulté que mes forces, je me serais bien gardé de tenter une cure aussi difficile : mais, il faut le dire enfin , je vois la plupart de nos médecins en finances abandonner , en France , la malade , ou la fatiguer excessivement par les remèdes les plus violens ; je vois aussi le public persuadé généralement que sa maladie est incurable ; et j'ai cru que j'y pourrais apporter d'abord quelques calmans , et peut-être même en faciliter ensuite la guérison radicale : je suis donc entré en lice pour appuyer et combattre , selon les cas , les divers avis , dans la consultation financière que je viens provoquer.

J'use ici du droit qui appartient à tout citoyen , lorsqu'il a les poumons assez forts pour faire entendre , au loin , sa voix. Représentans , vous serez jugés selon vos œuvres et votre dévouement à la chose publique qui vous lie. Aujourd'hui, c'est l'étranger qui, seul, possède à votre égard la lunette de la vérité ; car , pour nous , nous sommes encore trop près de vous pour vous bien voir , comme pour apprécier la toute-puissance de la répulique.

Quoiqu'il en soit , daignez jetter les yeux sur un ouvrage entrepris et suivi dans les meilleures intentions. Je ne vous en offre que le troisième cahier , lequel contient une partie des principes généraux des finances et du commerce ; en voici la raison : c'est que , comme de cette manière il ne s'agira , de votre part , que de lire quelques lignes , en quelque page que ce soit , pour prendre une idée juste de l'utilité ou inutilité de l'ouvrage entier, il ne vous restera, non plus qu'à moi, aucun abri, lorsque le jugement général des savans de l'Europe en aura été porté, ainsi que je le réclame par-tout.

Ne vous étonnez pas, représentans, d'un langage, j'en conviens, assez nouveau pour vous. L'homme que vous voyez est élevé et formé dans la retraite parmi les bonnes gens du tems passé ; il n'a point appris cet art de parler qui est usité dans les cours : mais le respect véritable qu'il vous porte au fond de son cœur le rendra incapable de manquer, en vous, à un corps auguste sur lequel reposent les destinées de l'humanité, à laquelle il est lié par principes et par goût.

Acceptez, je vous en prie, les vingt-cinq exemplaires dont je vous fais ici l'hommage, et comptez sur mon dévouement.

R E Y S.

Paris, 1er. brumaire, 6e. année républicaine.

TABLE

DES PRINCIPES.

régénération, que sur les fruits et nets produits de l'industrie.

Sur les bénéfices nets que procure le commerce.

Sur la crue ou le bénéfice net que procure à l'agriculteur son champ.

Sur l'intérêt et le revenu des épargnes et propriétés immeubles, toutes impositions locatives abolies.

Sur les patentes annuelles auxquelles chaque profession sera sujette.

Sur les chevaux de luxe et les valets.

Les fonctionnaires publics ne doivent rien pour raison de leur traitement, ou des places qu'ils occupent.

Les courtiers de change et marchandises ne doivent rien de leurs bénéfices, non plus que les capitaines de navires, subrécargues, bateliers et rouliers ; mais ils doivent une patente annuelle une seule fois payée.

Les savans, les médecins, les poëtes et les artistes doivent une rétribution pour le titre honorable qu'ils portent ; mais rien pour leurs bénéfices.

Les exemptions ci-dessus ne portent que sur les personnes et leurs travaux personnels ; mais non sur leurs propriétés ou les produits de toute autre industrie ou

tout commerce étranger à leurs fonctions
et professions principales dont elles font
la déclaration.

Régles générales d'impositions par rapport
aux denrées et travaux, ou marchandises d'industrie, de luxe ou de commodités, venant de l'étranger, ou sortant de
la France. Discussion étendue sur cette
question délicate. Considérations sur la
direction à donner à la pêche maritime,
à la course et autres branches d'industrie
ou de commerce maritime ; sur les inconvéniens circonstanciels des systêmes de
liberté ou prohibition indéfinies, par rapport aux diverses branches de commerce
avec l'étranger. Quels sont les objets dont
la prohibition de sortie est de principe.
Moyen de jouir, à leur égard, de la part
de l'étranger, des avantages qu'on lui
refuserait. Dissertation sur le commerce
des grains, entre la France et l'étranger,
et résolution de ce problême jusqu'ici in-
soluble. Préjugés déracinés par rapport
aux préventions d'accaparement. Moyens
de se garantir, en parèil cas, des mauvais desseins, comme de lier solidement la
France avec les diverses puissances qui
seront sincèrement ses amies. Ecoulement

avantageux et convenable des bleds plus
ou moins échauffés ou gâtés. Rétablissement proposé des anciennes amirautés et
de leurs tribunaux. De la décision de cette
question dépendent les succès ou désavan-
tages du commerce maritime. Moyens de
parer aux inconvénients qu'on reprocha ,
dans le tems , à ces établissemens maritimes. Multiplication du commerce de
France à l'infini , si l'on veut de toutes
parts allier l'ordre et la liberté. Extension
prévue de notre commerce maritime , par
forme d'escalles de l'étranger à l'étranger.
Nécessité d'user d'égards et d'encouragemens envers les négocians. Le retour , en
France , des pièces françaises d'or et d'argent, et même la circulation de celles étrangères et de toutes espèces de comodités et
facilités , dans notre pays, seront le résultat de semblables opérations bien dirigées ,
sans y pouvoir apporter jamais la corruption , et la France deviendra le centre du
commerce d'Europe , malgré tous les obstacles et prohibitions des étrangers. La
guerre même, loin de nous appauvrir ,
sera pour nous une source de prospérités
autant que de puissance , si telle est notre déplorable destinée, qu'on nous force
à la continuer. Mais il faut, pour attein-

dre à ce haut degré de considération, opérer encore une révolution dans les esprits français : tout mon ouvrage tend à la produire, s'il est secondé par un gouvernement de bonne volonté, et toujours actif à réprimer, modérément, les écarts des passions et de l'anarchie, comme y paraît disposé celui que nous avons.   62

Objets étrangers qu'il convient de ne pas imposer à l'entrée ; d'autres pour lesquels il faut même donner des encouragemens à l'arrivée ; d'autres, enfin, que nous devons recevoir, quoiqu'onéreux, afin d'activer en revanche, nos fabriques, et le débouché de notre superflu, à la faveur de nos traités de commerce avec l'étranger.   63

Réflexions sur cette immense régénération. Comparaison de ses résultats, avec ceux de M. Necker, lors de son administration. Démonstration de l'abus des impôts sur les consommations, abus d'après lequel l'ouvrier, qui autrefois gagnait vingt sols dans sa journée, n'en recevait que sept, en valeur effective. Apostrophe pathétique aux ouvriers, sur les moyens qu'ils ont de concourir efficacement au salut de leur patrie, et sur la nécessité où ils se trouvent de perpé-

---

*PREUVES à l'appui du plan proposé, ou prin-
cipes généraux des finances et du commerce.
Par le citoyen REYS.*

Ce qui me détermine aujourd'hui à donner,
à la suite de mon mémoire, ces preuves, c'est
que je sais qu'il arrive souvent que de bonnes
idées, que de bons ouvrages restent sans fruit,

S

faute d'avoir eu la précaution de les appuyer par les principes fixes et incontestables, desquels ils dérivent et auxquels ils sont essentiellement liés.

Mais aussi je sais qu'entreprendre, à l'égard des finances et du commerce, de fixer les principes, c'est souvent heurter de grands intérêts. A cet égard, j'ai imprimé mes vues et distribué leur programe, au nombre de soixante-seize exemplaires répartis soit à l'institut national, soit au directoire exécutif, sans que qui que ce soit apparemment y ait trouvé rien de condamnable. Aujourd'hui je développe mes idées ; or, j'use en cela du droit d'écrire dans de bonnes intentions, consacré par la nature, par l'utilité sociale et par notre constitution.

D'ailleurs, combien la matière des finances sur-tout n'exige-t-elle pas d'être éclaircie ? A l'époque du compte rendu de M. Necker, l'émulation se porta vers cette partie ; mais elle dégénéra bientôt en un persiflage de mots, comme celui de la plupart des hommes de lettres entr'eux. Ainsi M. Necker, qui le premier avait provoqué cette étude, qui avait commencé par porter la lumière dans le chaos des finances, comme Moïse nous dit que dieu commença ses œuvres en la portant dans le chaos de l'univers, se vit en butte à une foule d'épilogueurs obscurs. Par exemple, l'un d'eux, que je citerai seul, lui faisait un crime capital, pour avoir nommé *impôt*, ce qu'il eût dû nommer, suivant lui, *contribution*.

Et comment M. Necker eût-il nommé d'un autre nom ce cortège de charges qui pesait sur le peuple, et dont les dénominations étaient si nombreuses, que l'ex-parlement de Paris, dans une de ses remontrances, disait : que la connaissance seule des noms donnés aux diverses branches d'impôts, pouvait être mise au nombre des sciences que l'académie française cultivait alors?

Ce n'est pas, au reste, que j'entende ressusciter les morts, en en parlant ainsi honorablement. Au contraire, il est de mon devoir de déclarer ici, que c'est moins aux hommes que je rends justice et hommage, qu'aux lumières, au bon sens et au bon ordre, que j'honorerai toujours par-tout où je les trouverai. Au surplus, pourquoi ne nommerais-je pas M. Necker, moi qui lui dois mes premières écoles, moi qui n'essaie mes forces, qu'après avoir été long-tems son copiste ; moi qui ne pense enfin à peindre, comme lui, l'ensemble de mon tableau, qu'après en avoir long-tems dessiné les détails? Ah ! Necker, c'est à Ésope à te venger de tes censeurs ; et c'est bien ici le cas de leur appliquer, à l'occasion de ton compte rendu, sa fable du coq et de la perle, dont je ne rappelle que la morale.

> Ce trésor, (dit-elle) qu'un coq mal habile
> Rebute et voici ici d'un œil indifférent ;
> C'est Homère ou Virgile,
> Entre les mains d'un ignorant.

En effet, je présente aujourd'hui des vues

bien différentes , peut-être même un ordre d'é-
critures plus clair que le sien ; mais aussi , combien les circonstances n'ont-elles pas changé ?
Du tems de M. Necker , il avait à combattre tous
les préjugés ; aujourd'hui ils sont renversés.
Alors il devait couvrir les plaies de la finance ,
à mesure qu'il travaillait à les guérir ; aujour-
d'hui les plaies y sont telles , qu'on est dispensé
de ces ménagemens.

Au reste , je reprocherai aussi à M. Necker ,
une chose ; c'est d'avoir dirigé les finances de
France , en banquier qui tire tout à lui et rapporte tout à lui , et non en administrateur national , qui ne doit rien tirer de la circulation ,
sans s'être assuré |par avance que son opération
reproduira à celle - ci le double au moins de ce
qu'il en aurait tiré ; car c'est ainsi qu'il a épuisé
la circulation , ruiné l'état , et posé dans le
gouvernement la planche sur ses deux rives ;
laquelle planche ne tarda pas à se rompre , lorsque chacun y voulût passer à-la-fois.

Quoiqu'il en soit , j'entrerai dans la carrière
des finances ; et je commence par déclarer ,
qu'afin de ne pas payer nos frères d'armes , le
gouvernement et ses commis , avec des zéros ,
je n'en ferai point entrer dans mon travail ;
que pour n'égarer personne , je ne ferai ici
aucun calcul hypothétique. Eh ! qu'ai-je besoin
d'adapter des hypothèses à des principes , lors-

que je n'ai plus à appliquer des arcs-boutans à un mur caduc, ni à chercher des palliatifs à des maux qu'on regarde universellement comme incurables ? » Cependant on n'appelle plus parmi nous un grand ministre, celui qui est le sage dispensateur des revenus publics, mais celui qui est homme d'industrie, et qui trouve ce qu'on appelle des expédiens. » MONTESQUIEU, liv. 13, chap. XV *de l'Esprit des Lois.*

PRINCIPES.

1. Il ne faut jamais mettre ou laisser à la disposition d'un ministre des finances, et celui-ci à la disposition de tous receveurs, compagnies ou administrations quelconques, des sommes de beaucoup supérieures à la juste portion dont l'usage est par lui ou par eux démontré nécessaire et indispensable. C'est ainsi qu'on habituera tout administrateur à prévoir, à connaître et à démontrer tous les besoins de son département, conséquemment à y voir par lui-même ; c'est ainsi qu'on l'empêchera d'user à son profit, ou de trafiquer des deniers publics. Mais à cet égard sur-tout, un ministre des finances doit être continuellement surveillé ; et l'on ne doit jamais s'abandonner envers lui, à une estime, à une confiance aveugles, quels que soient les services par lesquels il aurait pu les mériter.

Une vie entière, passée sans donner lieu au reproche, ne garantirait pas suffisamment qu'on ne pechera pas une fois. D'ailleurs, comme l'argent est le roi du monde, il ne faut pas faire d'un ministre des finances, le roi d'une république.

2. En revanche, il ne faut jamais accéder à aucune demande particulière, à la charge du trésor public, sans l'avis écrit et motivé d'un ministre des finances, probe et éclairé ; car seul il est, il doit être l'œil et la main du gouvernement. Tout autre intermédiaire entre le gouvernement et la nation, est une source de désordre et de confusion. Qui, mieux que lui, en effet, a toujours sous les yeux, et est à portée d'apprécier les services et l'intelligence des sujets à surveiller, à placer ou à conserver dans son département ? Qui, mieux que lui, connaît le moment favorable aux réformes à opérer, l'importance des réductions à faire, la nécessité des encouragemens à donner, enfin les liaisons entr'elles de toutes les institutions à soutenir ? Bref, c'est, si l'on veut, un mal ; mais c'est un mal nécessaire, il ne s'agit que de le tempérer par de bons choix.

3. La pluspart des hommes, mais sur-tout des hommes d'état et des orateurs à prétention,

semblent plutôt exercés à proposer des difficultés , qu'à lever des obstacles ; aussi en arrive-
t-il souvent, qu'à force de chercher dans ce qui
est bon de l'aliment à leur censure , ils res-
sèrent leurs propres facultés , ou se rendent
l'esprit faux. Il faudrait en effet la sagacité et
les lumières profondes de Colbert , ainsi que
sa droiture de cœur et d'esprit, pour approuver
et trouver utiles les plans d'autrui ; sur-tout
quand ils sont offerts par la main d'un inconnu ,
ou d'un étranger.

4. Il résulte de ceci , qu'on ne peut se dispenser
d'admettre comme principe, que pour bien gouverner les finances, il ne faut pas cesser de
s'instruire , de reconnaître et d'avouer publiquement que la vie de l'homme est trop courte ,
pour qu'aucun puisse s'assurer qu'il n'errera jamais , pendant cette lutte perpétuelle qu'il aura
à soutenir , en faveur du trésor public , contre
tous les intérêts particuliers, qui tendent sans
cesse à le frauder ou à s'en engraisser.

En conséquence , il est de la plus haute importance d'astreindre un ministre des finances à
organiser ses bureaux , de manière à se faire
rendre compte de tout ce qui se publie de relatif, soit en France , soit dans les pays étrangers ; de manière encore , à ce que le moindre
avis , que chaque citoyen de la république , ou

tout autre étranger, peut lui adresser, soit analysé promptement et exactement, jusqu'à ce qu'il en soit accusé réception à l'auteur, ou même qu'il lui en soit voté des félicitations, s'il y a lieu, pour lui servir au besoin, de témoignage de son zèle.

5. Je vais parler maintenant, non de l'ordre des bureaux, mais de celui des écritures de finances à établir d'abord, et dans la suite ; car cet ordre est aussi un principe à établir, une méthode à consacrer. J'en ai fait de même précédemment par rapport à l'ordre d'écritures du commerce, dont les principes, au reste, sont essentiellement liés à ceux-ci. Je le fais encore en finances, afin de ne rien laisser à desirer ; et parce que, sans ces ordres d'écritures réunis et spécialement démontrés, l'on tenterait envain aujourd'hui de régénérer l'une et l'autre de ces deux branches de la prospérité nationale.

Je dirai donc, et pour l'une et pour l'autre de ces branches, que la difficulté de l'entreprise est proportionnée à la complication ou à la simplicité des affaires : ainsi, tel qui ne fait qu'un commerce de détail ou un travail d'industrie au comptant, tiendra ses livres très-facilement ; tandis que celui qui se livre à des entreprises vastes et variées, sera tenu, à l'égard de ses écritures, à d'autant plus de soins et d'attention, que son talent l'en rend plus capable. Dans cette hypothèse, il paraît bien naturel que le ministère des finances, qui tient de plus près aux rênes du gouvernement, ne soit pas celui qui exige le moins d'ordre et d'exactitnde. Cependant qu'il se garde de s'étonner de tant de prétendues difficultés; elles se réduisent d'abord à ceci.

Arrêter et additionner toutes ses caisses et tous les articles de ses livres actuels, les signer et faire contre-signer par deux commissaires du corps législatif, *ne varientur.*

Continuer ensuite, chaque jour, sur les mêmes livres, le même ordre d'écritures que celui qu'il tenait avant leur prochaine réforme, mais avec des numéros de rapports en chaque article, aux nouveaux livres à ouvrir.

Commencer à mesure de nouveaux livres, en la manière indiquée pour le commerce, en y ouvrant, pour premier compte, celui de l'inventaire de la nation.

Or, il sera naturel que le premier article de cet inventaire soit l'argent comptant, les lingots d'or ou d'argent, les pièces étrangères, enfin les mandats ou assignats qui seront trouvés dans les diverses caisses arrêtées ; le compte de caisse nationale, ou trésor public doit donc être le second à ouvrir.

Expliquer comment chacun de ces objets doit être placé en diverses colonnes distinctes, soit dans le compte de caisse nationale , soit dans celui d'inventaire national , ce serait douter de l'intelligence et de l'esprit d'ordre qui doit être le partage de tout homme commis à la direction d'un travail si important ; mais il est essentiel de rappeler que toutes les valeurs , soit relatives , soit fixes , doivent être portées à la colonne en dehors , et réduites au besoin en valeurs fixes ; car c'est en celles-ci seulement qu'on peut balancer , soit en matière de commerce , soit en matière de finances , tous les comptes et tous les intérêts.

Les comptes suivans à ouvrir dans les nouveaux livres , sont ceux qui constituent la subdivision de la caisse nationale principale , en celles secondaires relatives ; telles que les caisses qui regardent l'administration de tous les autres ministères , chargés , chacun de leur côté , du même ordre d'écritures que celui duquel je parle en cet instant.

Par la même raison , il découle de cet ordre que les caisses de chaque département ou administration intermédiaire correspondante avec le trésor public , doivent avoir place , à leur tour , et suivant l'ordre des versemens respectifs effectués , à la suite de cette subdivision ministérielle , et être par-tout arrêtées et cotées , sur-le-champ, avec mêmes précautions, *ne varientur;* en suivant toutes aussi, dans leurs mêmes livres, le même ordre que celui par elles tenu jusqu'alors, et se conformant, par rapport aux nouveaux, à l'ordre nouveau dont il est en ce moment question.

Il faut suivre ensuite la même règle à l'égard de tous les comptes généraux, dont il est important de se rendre compte : et comme, à cet égard, il ne se fait pas la plus légère recette ou le plus léger paiement, qu'il n'ait un rapport direct avec l'un d'eux, c'est à mesure que les articles payés ou reçus y ont rapport, qu'il faut leur ouvrir des comptes, et non à mesure qu'on en conçoit l'idée : c'est ainsi que le jugement marchera toujours de pair avec l'exécution de sa production.

Lorsqu'enfin tous les comptes seront ainsi ouverts et au courant, c'est alors que, dans les momens de loisir, l'on recourt aux anciens livres, toujours continués comme auparavant à la seule différence qu'ils ont des numéros de rapports journaliers aux nouveaux. C'est alors qu'on triture ces anciens livres, en en comparant chaque article avec les titres dont ils sont composés ; et qu'on les compare aussi avec les articles nouveaux des nouveaux livres, afin de s'assurer de leur concorde entr'eux ; de telle sorte qu'on puisse en tirer des résultats sûrs, et préparer ensuite des inventaires particuliers et correspondans à l'effectif de chacune des branches et objets divers qu'on aura ainsi vérifiés et rassemblés. Alors enfin, de tous ces inventaires particuliers, se composera peu-à-peu l'inventaire général relatif, résultant de ces diverses subdivisions ; inventaire auquel seront portés ensuite et successivement tous les résultats journaliers de ce qui pourra encore se découvrir d'applicable dans l'ordre ancien ; jusqu'à ce que celui-ci se trouvant enfin confondu méthodiquement dans le nouveau, il ne reste plus que les nouveaux livres à continuer pour voir chaque jour la position générale et relative du gouvernement et de l'état entier, et à fermer chaque année par bilan général, pour passer à des livres nouveaux d'une manière régulière et en doubles parties.

Je n'oserais soupçonner, de la part des commis actuels du gouvernement, la moindre résistance à l'ordre proposé, sous prétexte d'augmentation momentanée d'occupations, lorsque, d'autre part, le gouvernement ne se refusera point à les payer selon leur mérite ; car s'il en était un seul qui fit, à cet égard, la moindre observation, c'est, à-coup-sûr, un ignorant, un paresseux ou un fripon, et la République doit le rayer du nombre de ses serviteurs assis ; avec d'autant plus de raison qu'un an après cette institution, au moyen de l'ordre, des abréviations et de la clarté qu'elle procurera, la République pourra se passer des trois quarts de ses commis actuels ; et qu'il lui importe de ne conserver que des hommes vraiment travailleurs , et assez exacts pour répondre de l'ordre qui sera prescrit à l'égard d'intérêts aussi majeurs.

Continuant donc avec confiance, je dis : Il doit y avoir bien de la différence dans la forme des livres nouveaux , avec celle des anciens ; non-seulement par rapport à l'introduction de la partie double en finances, mais encore par rapport à la classification des revenus ordinaires et des dépenses ordinaires , qui doit être distincte des revenus et dépenses extraordinaires que nécessitent les tems extraordinaires ; car c'est de cette manière seulement qu'on saura ce que coûte, à la nation l'excédent d'une guerre, ou de toute opération de révolution, sur l'avantage qu'elle en tire, *et vice versâ.*

Ainsi les revenus et dépenses ordinaires représenteront un ordre à-peu-près stable, d'après lequel nul ne souffrira ou ne profitera plus que l'autre, par suite des révolutions ou changemens survenus : et quoique la même caisse principale suffira à l'ordinaire et à l'extraordinaire , il y aura, dans la répartition de ses recettes et paiemens, des classifications qui indiqueront à quel usage sont destinés tels ou tels fonds qui en seront tirés ; ou de laquelle de ces deux bran-

ches sont provenus ceux qu'elle pourra toucher.
C'est ainsi que cette classification fera , dans son
ensemble et dans ses autres répartitions , la règle
de tous les calculs politiques et législatifs , aussi
bien que de toutes les actions , en même tems
que la caisse commune à toutes les caisses et à
toutes les branches de l'administration ordinaire,
et extraordinaire en fera la preuve.

Enfin il faudrait ici présenter , en apperçu ,
les divers comptes généraux de finances à ouvrir
dans les livres nouveaux , d'après les nouvelles
répartitions dont ils seront comptables , afin
qu'on y apperçoive, d'un coup-d'œil , la clarté et
la précision que cet ordre produira sur toutes les
parties de l'administration des finances , jusques
dans les moindres détails ; mais il faudrait aussi
pour cela avoir devant les yeux toutes les opérations , toutes les dettes et revenus hypothé-
caires et chirographaires du gouvernement ,
aussi dans leurs plus grands détails : je me
contenterai donc de dire , que si M. Necker les
a bien classés dans un ordre équivalent, lorsque l'administration ne présentait que surcharge
de difficultés et de confusion , il ne sera pas
plus difficile de le faire aujourd'hui qu'il est
permis d'y procéder plus simplement et plus har-
monieusement.

Du reste, j'observe qu'il ne faut pas s'attendre à
voir cet ordre établi d'une manière fixe avant une

année ; et que, d'ici à ce tems, il y aura bien des contre-parties à passer, pour mettre entre elles toutes les parties de finances dans un parfait accord, et les présenter sous des tableaux aussi nets et clairs dans leur ordre, qu'utiles dans leurs effets.

Mais j'observe, en revanche, que cela se fera sans peine et sans intervertir jamais le travail courant ; le tout à l'aide seule du jugement, qui arrangera, à l'avance, chaque article dans la classe où il devra être relevé, lorsqu'il s'agira de présenter au gouvernement et à la nation chacun son bilan.

De plus, tout s'effectuera sans reproches inutiles à l'égard du passé, et sans qu'une prévoyance trop rigoureuse, à l'égard du futur, déroge à la munificence nationale et à l'indulgence de la nation pour quiconque l'aura servie de bonne foi, suivant l'étendue de ses connaissances ou de ses facultés.

Voilà, pour le moment, à quoi je crois devoir borner les instructions, que j'ai crues pourtant nécessaires, sur l'ordre futur qu'il est possible d'établir dans les finances de France, aussi bien que dans toutes ses administrations, et dans tous les comptoirs du commerce. Je me réfère, d'ailleurs, aux principes de cet ordre développés et démontrés en petit, comme ils sont applicables en grand. Il ne s'agit donc plus que de réunir tous les gens de bien ; que de faire avec eux une pétition formelle, qui sera le signal de la régénération de l'esprit public, à l'effet d'obtenir que cet ordre d'écritures soit consacré par un décret ; jusqu'à ce qu'on puisse en faire la partie protectrice d'une constitution sans ame, si elle n'est soutenue par l'ordre et la prospérité des finances, aussi bien que par toutes les conséquences de justice qui y tiennent essentiellement.

6. L'on peut être bon teneur de livres, ou caissier exact, ou bon calculateur, ou grand philosophe, sans être, pour cela, bon financier : mais on ne peut pas être bon financier, sans être à la fois bon teneur de livres, caissier exact, bon calculateur et véritable philosophe ; j'entends parler de cette philosophie invariable, qui prescrit les règles de l'équité, et maintient entre le gouvernement et tous les citoyens un ordre de choses à-peu-près stable, enfin une harmonie sainte et durable : aussi un ministre des finances doit être libre dans ses actions et opinions ; il doit avoir du nerf ainsi que le gouvernement ; car quoique tour-à-tour subordonnant et subordonné, il n'est ni maître ni valet. Il n'y a en effet, dans l'état, qu'un seul maître ; et ce n'est pas le ministre des finances, ce n'est pas même le gouvernement, c'est la nation à laquelle tous

sont

sont comptables : sans la profession de ce principe, la voix d'un ministre des finances sera toujours la voix dans le désert ; et l'intérêt, ou les brigues particulières l'emporteront toujours sur l'intérêt de la nation ; car nul homme n'en saurait triompher, et il faudrait des dieux pour faire le bien, quand on n'y supplée pas par les égards dus et accordés à un homme probe et instruit.

7. Il résulte du principe ci-dessus que, quoiqu'il soit hors de toute politique de rendre aucune place inamovible, un gouvernement léger qui changerait de ministre des finances, sans un délit matériellement prouvé et jugé ; qu'un gouvernement qui, durant le procès, suspendrait son autorité d'une autre manière que par des surveillans, s'attirerait bientôt le mépris général, et mériterait tous les bouleversemens et désastres qui en seraient la suite. Rien ne montre, en effet, la faiblesse d'un gouvernement et le mauvais état de ses finances ; rien n'altère la confiance et le crédit, comme le changement inconsidéré des ministres ; rien donc n'est plus important que leur bon choix ; et il faut, avant de s'y déterminer, pouvoir dire au sujet qui est à choisir : « Votre conduite nous » convient ; mais qu'elle soit invariable. » Et

T

cette règle doit avoir lieu particulièrement à l'é-
gard du choix d'un ministre des finances ; car
c'est sur-tout dans cette partie que l'ordre et la
science ne s'acquierent que par une longue expérience et persévérance tendantes à les chercher.

8. L'esprit de conquêtes est un esprit destructeur des finances d'un état , et de la moralité
de ses individus, mais sur-tout de l'humanité
et de la liberté. La supériorité qui naît dela
confiance et du respect, est préférable à celle
qui naît de l'envie et de la crainte. La force
d'un peuple consiste plus dans l'étendue de son
agriculture , de son commerce et de son industrie, que dans ses nombreuses armées , que
dans ses nombreuses forêts navales. Cependant
des soldats et du fer , des matelots et des
flottes , préservent une nation libre et floris-
sante , de l'état précaire et humiliant où elle
se trouverait fréquemment , si elle ne pouvait
trouver dans elle-même la protection de son
commerce , de ses travaux et de sa liberté ; si
elle ne pouvait venger , au besoin , une injure , ou tirer raison d'un dommage , sans le
secours de ses alliés ou de son argent. C'est
donc là la mesure à garder , par rapport aux
réductions ou extensions des flottes et des armées ; et c'est aussi celle que j'observe , d'après
le véritable état des forces actuelles de notre

marine, en proposant dans mon plan de l'occuper particulièrement à favoriser la course contre les anglais et à ranimer le cabotage sur nos côtes.

9. En général, tout gouvernement, toute administration majeure, gagne toujours à ménager les gens probes et riches avec lesquels ils traitent, ou auxquels ils donnent leur confiance ; et à se relâcher en leur faveur, de quelques légers bénéfices, pourvu qu'en revanche, ils les astreignent toujours à un ordre et à des formalités, d'après lesquels ils ne puissent absolument les tromper. Qu'on s'écarte de ce principe, et l'on ne tardera pas à rencontrer dans quelque ministre ou administrateur, l'économe infidèle de l'évangile de Luc, chap. 16. Celui-ci, prêt à être disgracié par son maître, fait venir chacun de ses créanciers. Combien devez-vous à mon maître, dit-il à chacun d'eux en particulier ? cent barils d'huile, répond l'un ; cent mesures de froment, répond l'autre. Reprenez votre obligation, dit-il au premier, et faites-en une de cinquante ; au second, il lui dit : reprenez de même la vôtre, et faites-en une de quatre-vingt. Gardons-nous toujours des économes qui ont ou savent ainsi se faire des amis ; mais aussi, donnons-leur une force morale, qui les mette à l'abri des abus de l'au-

torité. C'est à quoi je pourvois, par la publicité et l'exactitude de la comptabilité, et ce que je prévois par l'indépendance et l'aisance honnête que je donne à l'établissement de la caisse d'échange des mandats, contre des cédules et de l'argent.

Mais en matière de perception et de distribution des finances, l'on ne peut jamais se relâcher de l'exactitude, soit qu'on paye, soit qu'on reçoive. Les percepteurs et payeurs, à cet égard, sont nuls et impassibles comme la loi qu'ils font exécuter. C'est ce que j'établis encore, à l'égard de l'impôt commercial et industriel, d'une manière exempte d'abus et de préférences, aussi bien que de fraudes et violences injustes.

10. Les richesses des particuliers sont les gages de chaque état qui se rassemble en société. Une portion en est légitimement et conventionnellement due et consacrée au gouvernement qui le régit ; sans quoi les propriétés et le commerce des citoyens manqueraient de la protection souveraine ; et leur industrie deviendrait la proie de la rivalité voisine et de l'industrie étrangère. Mais c'est particulièrement à l'art, de percevoir et de répartir la portion d'intérêt que l'état doit avoir dans l'aisance ou le bénéfice public, que tient essentiellement le resser-

rement ou l'accroissement du commerce et de l'industrie, la solidité et les ressources de la propriété.

11. Les finances ont une ressemblance parfaite avec la nature. Comme elle, elles se produisent de peu et doivent reproduire beaucoup.

Les règles sont les mêmes pour accroître la population, ou les finances; par-tout où l'on rendra l'argent actif et abondant, par-tout la population croîtra, et les impôts se prélèveront avec aisance. Ainsi l'art des finances est celui de découvrir les canaux qui sont propres à la circulation de l'argent, et de débarasser ceux où elle se trouverait engorgée. C'est ce que je crois avoir effectué, en tirant l'argent des caisses stériles des financiers ou agioteurs, pour le faire passer en proportion raisonnable vers l'agriculture, l'industrie et la propriété, d'où il coule et découle naturellement vers les sources de la prospérité publique. Quant au commerce, pour le ranimer, tout l'or et l'argent de l'Europe ne lui suffiraient pas en ce moment, s'il ne fait usage des mandats, et s'il ne relève son crédit; c'est encore à quoi je crois avoir pourvu.

12. De même, un négociant commenditaire ou

de profession, ne saurait commercer utilement et solidement, sans avoir un but direct, vers lequel il tend avec persévérance ; de même l'administration des finances ne peut être solidement gouvernée, que d'après un plan fixe et médité. Mais un tel plan doit être la conséquence de principes reconnus et certains, de principes fondés sur l'expérience, de principes, enfin, qui ne peuvent varier que selon le génie des nations et la différence des lieux où ils sont appliqués, ou selon les circonstances que le tems ou les évènemens amènent.

C'est ainsi que j'ai fait éclore tout-à-coup, comme on l'a vu et le verra, le véritable plan de contributions et d'impôts qui devrait être la règle du monde entier, lorsqu'auparavant je me serais bien gardé d'en proposer de semblables ; mais c'est aussi pourquoi, quelque pénible qu'il soit de célébrer soi-même son propre ouvrage, la vérité m'oblige à déclarer que le moindre écart de la ligne qu'il trace, que la moindre application inconsidérée ou fausse, que le moindre extrait hors de propos, quel que soit cependant l'avantage qu'il présente d'abord, peut produire les plus grands maux dans la suite, lorsque mon intention aurait été de produire, au contraire, les plus grands biens. Enfin il faut dire aussi que jamais ce qui est bon et vrai n'est perdu pour tout le monde : tôt ou tard quelqu'un le relève : malheur donc à la nation qui, à cet égard, se laisse prévenir.

13. L'extravagance et l'ignorance sont également dangereuses dans l'administration des finances ; mais les préjugés sur-tout sont l'obstacle le plus difficile à vaincre, lorsqu'il s'agit de réformes à y apporter. C'est alors qu'on a toute la peine possible à faire goûter, sur les erreurs passées, les vérités les mieux réfléchies : cependant, lorsque les réflexions naissent du fond des choses, et non pas des personnes, les gens de bien finissent par se ranger du parti de la vérité. Heureusement, en France, tous les préjugés et toutes les distinctions sont abolis ; ainsi jamais l'occasion ne se présenta plus belle, pour apporter dans les finances, malgré la guerre et ses dépenses, non-seulement le remède dont elles ont besoin, mais encore une heureuse fécondité et stabilité.

14. Le gouvernement le plus puissant et le plus riche est celui qui, avec le moins de revenus, fait le plus de choses ; et qui, dans tous ses besoins, trouve toujours des ressources assurées dans la richesse, l'attachement, la fidélité et le zèle de ses sujets. Cependant il en résulte quelquefois que l'excédent des richesses produit la corruption d'une grande nation.

C'est alors que le gouvernement doit lui ouvrir un écoulement fructueux de ce superflu ; et l'on y parvient à la faveur d'un ou de quelques modiques emprunts, reproductifs à l'égard des prêteurs qui s'accoutument ainsi peu à peu au bon usage de leurs richesses ou de leurs revenus : mais ces emprunts doivent avoir en même tems pour but l'augmentation du commerce, de l'industrie, des arts, des sciences, enfin de tout ce qui peut concourir au véritable honneur et à la puissance solide d'une grande nation.

Alors encore le gouvernement doit donner l'impulsion à ces entreprises grandes et hardies qui réunissent d'intérêts et d'affection les quatre parties du monde. C'est alors qu'il doit porter les citoyens à consigner avantageusement leur superflu dans ces banques célèbres qui, en donnant le ton et la valeur à toutes les puissances de l'univers, conservent néanmoins, dans le pays où elles sont instituées à propos, la modicité des prix de tous les objets de première nécessité ; par suite même du retirement d'espèces qu'elles opèrent graduellement dans la circulation, en ce qui regarde le numéraire excédant les besoins ordinaires du travail, du commerce et de la consommation.

C'est alors aussi qu'un état peut se libérer partout sans inconvénient, et doit le faire ainsi pour conserver son honneur et son crédit ; après quoi il entreprend de vastes plantis, il orne la terre de prairies verdoyantes, il y fait abonder les moutons, les chevaux et les bestiaux de tout genre. Enfin, au sein de la paix la plus heureuse, il ôte, à ses voisins aimés, jusqu'au moindre desir de la troubler ; car il n'use envers eux que d'égards et de justice. Cependant, pour leur inspirer encore plus de confiance, il diminue peu à peu sa force maritime et militaire, et prépare ainsi à l'univers une paix solide, garantie par l'importance de ses alliances, et sur-tout par sa fidélité à protéger, au besoin, le faible contre le fort, en faveur de l'intérêt de l'humanité.

Voilà la politique respectable et utile qu'il convient de suivre ; comme il convient aussi de repousser vigoureusement l'ennemi, et de n'être jamais abattu par les revers, quand on est en bntte à l'injustice ou à la tyrannie : et voilà aussi ce que peut faire espérer aux français la bonne administration de leurs finances.

15. Si les finances se trouvent en désordre ; et si, par suite de ce désordre, les sujets sont appauvris, il faut examiner d'abord si le dérangement naît d'une administration infidèlle ou relâchée ; ou s'il doit son origine au défaut de principes, d'expérience et de lumières : si c'est à la première cause qu'il est dû, il faut se hâter de

rectifier le tout, et de punir les auteurs du désordre : mais si c'est à la dernière cause, il ne
peut y avoir de remède qu'en rétablissant le crédit national.

A cet égard, les principes développés par M.
Necker sont si exacts, que je ne saurais mieux
faire que d'y renvoyer, page 14, jusqu'à celle
19 de son compte rendu ; celle-ci commençant
ainsi : « Mais je crois, etc. » Je me fais, à cet
égard, un plaisir d'autant plus grand de ce ren-
voi, que M. Necker appuie ses raisonnemens
par des preuves non équivoques, et qu'il n'entre
pas dans les bornes de mon ouvrage de cumuler
les preuves de mes principes ; mais bien d'en
donner de tels, qu'ils n'aient pas besoin de preuves, tant leur efficacité aura été consacrée par
l'expérience de tous les tems.

Cependant il me coûte d'avoir à arrêter ici M.
Necker, pour une seule phrase peut-être de
cet article, qui y est placée comme un hors-d'œuvre, comme un hors de propos : mais la vérité
dont je fais profession m'oblige à faire, à ce sujet, une réflexion, enfin à chercher moi-même
des instructions si je suis dans l'erreur ; car la
solution de la question tient à mon sujet ; elle
est des plus importantes pour les succès de l'administration future. Cette phrase dit donc : *Mais
je crois, Sire, que les circonstances exigent de
votre sagesse, que les conditions du prochain*

emprunt soient plus favorables aux prêteurs.
Recourons aux principes.

« Les monnaies, dit M. Crawfurd, considé-
» rées comme signes représentatifs , sont des
» agens mercenaires, auxquels un salaire est lé-
» gitimement dû ; ce salaire est ce quon appelle
» intérêt. » Voilà ce qui constitue la justice de
l'intérêt attribué à l'argent ; et certes, cet intérêt doit être libre, car c'est la valeur intrinsèque de la moralité des états comme des individus , autant que le thermomètre de leur puissance ou de leurs facultés.

Mais comment M. Necker, qui vient de démontrer par quelles opérations, par quel enchan-
tement il a ranimé le crédit du trésor public,
le lui ravit-il tout-à-coup par une phrase inconsidérée , et pour le moins prématurée ? n'a-t-il
pas l'expérience que des intérêts trop forts ,
offerts par un gouvernement, sans nécessité absolue, produisent, à son égard, la juste défiance
que produisent, dans le commerce ou dans la
banque, les opérations forcées ? Ne sait-il pas
que, dans ce cas, nul capitaliste ne se fie volontiers à ces sortes de piéges tendus à sa confiance ou à son avidité ; qu'ainsi, hausser en
pareil cas l'intérêt d'un emprunt, c'est précisément en diminuer le crédit ; c'est charger le
trésor public d'un intérêt au-dessus de ses forces,

et empirer, conséquemment, le sort des citoyens ?

Par exemple, en matière de banque, quel est
celui qui trouve le plus d'argent ? C'est ordinairement celui qui en offre l'intérêt le plus bas.
Ainsi puisque M. Necker avait monté les finances de France, d'après les principes propres à
une maison de banque, comme je les monte,
moi, sur le pied d'une maison de commerce établie par commandite, pourquoi ne se maintient-
il pas à l'égard de l'intérêt de l'argent, lors
même qu'il en a la plus grande facilité ?

Que s'il prévoit pourtant, que s'il est certain
même que, sans cette hausse d'intérêt, il ne
pourra remplir, en France, l'emprunt qu'il se
propose, c'est un signe non équivoque qu'il
doit s'en abstenir, ou le faire négocier dans l'é-
tranger : car son opinion prouverait tout au plus
que la circulation ordinaire de l'état n'a point
assez d'excédent de fonds pour y suffire ; et dans
ce cas, nuire à la circulation est plus désastreux
qu'un emprunt modéré dans l'étranger, plus
dangereux que de souffrir un vide dans le trésor public ; vide, au reste, dont on peut toujours diminuer et prévenir les effets par les résultats de quelques autres opérations meilleures
que les emprunts ainsi forcés. C'est bien aussi
le reproché le plus grave qu'on ait à faire à M.
Necker, que celui d'avoir ainsi épuisé la circu-

lation par les emprunts démesurés qu'il a dirigés quelque tems avant la révolution ; puisque c'est, en grande partie, à ces opérations, faites hors de saison, que furent dus la ruine de l'état et les fléaux de la révolution même.

Au reste, M. Necker ne s'en excusera pas, sans doute, en professant tout-à-coup le système aussi ridicule qu'absurde de ceux qui prétendent qu'il est utile de tenir l'intérêt de l'argent fort haut dans un pays agricole , afin de conserver le prix de la denrée fort bas ; car j'y répondrais que ce système n'est bon , même dans un pays agricole, qu'à y opérer promptement la disette et la famine ; et c'est, en effet, ce qui arriva en France au commencement de la révolution, graces, en grande partie, à l'augmentation de l'intérêt de l'argent, par suite des opérations de M. Necker, et de l'agiotage qui s'en est suivi.

Mais sans nous appesantir trop sur des maux dont le souvenir est encore récent, tranchons ici, et disons : Si l'intérêt de l'argent est fort haut, l'argent se porte vers l'escompte et l'agiotage ; s'il est bas, il se porte vers l'agriculture , l'industrie et les manufactures : mais s'il est absolument trop bas, il va à l'étranger ; comme s'il est trop haut, il perd de sa qualité reproductive , et s'étend moins. Comment donc faire ? Il faut laisser le cours de l'intérêt libre, et ne pas chercher à y influer autrement, que pour en arrêter les trop grandes vicissitudes.

Enfin il faut, sur-tout, observer en cas d'emprunt de précaution ou de nécessité, qu'un gouvernement bien administré, qui engage l'état entier au paiement de sa dette, doit emprunter à meilleur compte qu'un individu dont l'existence est toujours plus fragile ; ce qu'il fera toujours assez facilement, s'il emploie ordinairement le produit de ses emprunts à effectuer ou offrir des remboursemens partiels et généraux, dans le cas où les créanciers de l'état se refuseraient à réduire les intérêts des fonds qu'il leur doit, et qui le chargent au-dessus de ses forces ou de la justice, proportionnément à sa constitution vigoureuse.

Au reste, ceci rentre dens le cas supposé des administrations heureuses, dépeintes dans le principe précédent. Je ne calculerai point les circonstances où s'est trouvé, à diverses époques, M. Necker : ainsi mes réflexions sont moins une critique de sa phrase, qu'une application utile que j'en ai tirée pour le développement de mon principe. Si, d'ailleurs, je fais aussi quelques reproches à cet ex-ministre, ils ne tendent qu'à prouver que, dans la carrière ténébreuse et scabreuse des finances, il n'est si bon ministre qui ne puisse faire un faux pas ; mais ils ne lui ôtent pas le mérite de ses bonnes intentions, non plus que celui d'avoir provoqué et de s'être soumis le premier au bon ordre et à la censure, dans cette partie la plus délicate et la plus compliquée de toute l'administration.

Au surplus , M. Necker a encore erré non moins grossièrement, à l'égard du crédit public, en donnant l'impulsion à l'institution de la caisse d'escompte , devenue depuis la caisse du monopole. En effet, est-ce en concentrant exclusivement le crédit public entre quelques banquiers et marchands de finances, qu'il a espéré l'étendre et vivifier la circulation ? Qu'importe que, par ce dehors trompeur , l'intérêt ait paru se maintenir à quatre pour cent , si les administrateurs seuls de la caisse en concentraient entre eux tout l'avantage ?

Mais non , la caisse elle-même a établi de fait l'intérêt à six pour cent , au lieu de quatre et cinq pour cent , taux auquel il était auparavant; puisque, de l'aveu même de M. Necker , elle tirait six pour cent , net , de son fonds ; soit par ses viremens dans ses propres billets , soit par ses négociations. Or , comment ferait-on valoir ses fonds à quatre pour cent , lorsqu'on est certain d'en avoir six assurés , en achetant une ou des actions de la caisse d'escompte ?

C'est aussi , d'après cette certitude de gain , que le prix des actions s'est élevé si haut et si ridiculement , que leur agiotage est devenu le principal commerce de Paris , comme l'est aujourd'hui celui des mandats , comme le fut celui des assignats , et a fini par gagner aussi dans les provinces , au grand détriment du commerce et des manufactures , qu'on quittait ou négligeait pour aller gagner d'avantage à Paris. C'est ainsi , enfin , que cet établissement a absorbé une grande partie du numéraire en circulation , sans que celle-ci en tirât aucun fruit ; comme c'est encore ainsi que l'agiotage actuel paralysera toutes les entreprises et le commerce utiles , tant qu'il durera , ou qu'on n'aura pas su le contenir dans des bornes justes et profitables. Or , c'est ce que j'ai eu en vue pour l'établissement de la caisse d'échange que je propose , pour effectuer celui volontaire des mandats , contre une portion d'argent et de cédules , portant intérêt d'argent et ayant valeur d'argent , d'après celle que l'argent lui-même donnera aux terres répertoriées en 1790 , et autres biens.

Mais revenant à M. Necker, peut-on se rappeler sans effroi , le tort que sa caisse d'escompte produisit au trésor public, et les désastres qu'éprouvèrent depuis elle les fonds publics , autrement dit , effets royaux ; lorsque ses administrateurs, imités bientôt par la tourbe agiotante qu'ils attirèrent autour d'eux , les ont

joués ,

joués, sans aucune pudeur, à la hausse et à la baisse, quelque tems avant la révolution ? Comment un M. Necker, un ministre aussi vanté, pour ses lumières, dans la partie des finances, a-t-il pu, entr'autres choses, ou osé envoyer à la caisse d'escompte, contre ses billets, les fonds morts du trésor royal, et s'en faire un trophée, lorsqu'il était évident que ces fonds ne serviraient qu'à faire jouer et discréditer plus rapidement les fonds publics ? Comment a-t-il pu, étant employé pour la nation, se servir de cette caisse contre la nation même, qui l'honorait de sa plus grande estime ?

Avec quel déchirement de cœur ne doit-il pas reconnaître aujourd'hui, si, comme je le pense, son dévoûment à la nation était sincère et désintéressé, que c'est à cet établissement même, que furent dus la pluspart des maux du gouvernement ; et sur-tout que les agioteurs lui doivent leur triomphe ; l'agriculture, le commerce, les manufactures et l'industrie, leur décadence ; les français, la perte de leur honnêteté ; et la France entière, ses plus grands maux et sa confusion !

Eh ! que d'immoralité n'a pas produit la commodité des billets de caisse, pour le dissipateur qui trouvait ainsi le moyen de s'étourdir et s'abuser sur l'importance de ses prodigalités ? Que de porte-feuilles perdus et brûlés, dont on connaissait fort bien l'emploi secret ! C'est pourtant ainsi que se sont formés tant de débauchés, qui n'eurent bientôt plus d'autre besoin et d'autre vœu que pour le désordre, d'autre refuge que dans une révolution, et qui, en conséquence, l'appuyèrent avec toute la rage que donne l'amour du jeu et le désespoir ; comme il est à craindre que le feront bientôt les agioteurs d'aujourd'hui, dont la bile passera tôt ou tard dans le sang de la nation, et la conduira encore à d'autres révolutions.

Mais sur-tout quel scandale plus étonnant, que de voir une association étrangère à la nation, engager ou vouloir engager, comme celle de Londres, toute la nation dans sa propre cause, et rendre celle-ci sa tributaire, en l'infectant partout de ses billets ? C'est pourtant là ce que la caisse d'escompte osa proposer au commencement de la révolution, et ce que je combattis par un mémoire remis à la chambre de commerce de Dunkerque, avec toute l'indignation que pouvait inspirer à l'amant de sa patrie, une pareille proposition. Eh ! quoi, disais-je, si la nation espère ainsi d'étendre les affaires, ne le peut-elle pas sans le secours d'autrui ; et du moins en se réservant la faculté d'arrêter les excès, qu'elle n'ignore pas être toujours destructifs de ses vrais intérêts ? C'est-là, continuais-je alors, ce que la nation peut faire à la faveur des assignats ; et je dis encore aujourd'hui qu'elle l'eût fait effectivement, si ce papier - monnaie eût été bien soutenu par un bon système d'impôt, et s'il eût été en général mieux dirigé. C'est, au reste, ce que la nation peut faire encore aujourd'hui, à la faveur de ses mandats.

Voilà donc, ô Necker, ce que la nation te doit. Vois et reconnais aujourd'hui, ministre enthousiaste, ce que ton institution a produit ; et confesse au moins, pour ton honneur, que tu t'es trompé ; par conséquent, qu'il n'est rien de plus dangereux en finances, que l'enthousiasme, les fausses sciences, les demi-lumières et les applications erronées des principes reçus.

Enfin, après cette digression, sur certaines opérations de M. Neker, l'on sera peut-être curieux de connaître aussi mon opinion sur M. de Calonne, son antagoniste, durant son administration. Je dirai donc franchement que je le regarde comme un grand juriste, et que la science du droit est sur-tout indispensable à celui qui tient le timon des finances ; d'où suit qu'un seul homme qui réunirait l'esprit d'ordre de M. Necker et l'universalité de M. de Calonne, à l'intention pure de faire le bien, serait celui qui conviendrait en ce moment à la tête des finances, pour les réparer.

V 2

Au reste, s'il m'était permis d'exposer moi-même mon sentiment, sur mon propre système de finances et de commerce, je dirais que si la nation et le gouvernement croient pouvoir le consacrer en principes, il n'éprouvera point dans son exécution, de grandes difficultés; mais sur-tout qu'après qu'il aura été établi régulièrement, un homme très-ordinaire pourra en suivre le travail journalier, s'il a été élevé dans les mêmes bureaux et sous les mêmes principes, et si seulement il a pour lui du zèle, de la probité et de l'exactitude.

16. La prospérité du commerce naît de sa liberté; la liberté est au commerce, ce que le fumier est aux terres labourées. La prospérité des manufactures et de l'industrie, naît des bons traités de commerce avec l'étranger, des règles simples auxquelles on les assujettit pour leur émulation et considération, et de l'attachement des citoyens pour les travaux qui s'élèvent dans leur patrie. L'ordre sur-tout est aux travaux manuels la garantie de leur célérité, et l'élévation de l'esprit public le présage de leur prospérité.

La prospérité des ports de mer naît de la simplification des droits sur les marchandises et sur la navigation. La liberté des ports et l'égalité maintenue, à l'égard des chargemens, entre les vaisseaux des habitans et ceux des étran-

gers, profiteront toujours davantage à une nation, que les monopoles décourageans, dont
use, à cet égard, la nation anglaise.

Par la liberté des ports, je n'entends pas la
franchise et l'ouverture générale de tous les
ports, sans aucuns droits ni visites à l'égard des
chargemens. Cependant, les consignations en
marchandises ou productions étrangères, iront
toujours en croissant, à l'avantage de l'état qui
saura affranchir à propos quelques-uns de ses
ports maritimes, aux distances qui semblent
destinées par la nature à devenir le centre d'un
commerce majeur; pourvu, toutes-fois, qu'il
se soit à l'avance assuré et prémuni efficacement contre la fraude intérieure dans les lieux,
ainsi privilégiés. Enfin la régénération des finances, naît de l'augmentation des richesses
de tous les citoyens.

17. Souvent le gouvernement croit manquer de
crédit, et il lui manque bien plutôt une portion
plus raisonnable dans la fortune des citoyens,
ou dans leurs bénéfices. Lorsque cela arrive,
il faut commencer par augmenter et faciliter
les moyens, qui peuvent augmenter les fortunes
de toutes les classes payantes. C'est ce que je
crois avoir opéré, à la faveur de ma caisse
d'échange, qui a pour but de rendre à chacun
ce qui lui appartient, et d'aider la circulation

jusques dans ses branches les moins fécondes.

Il faut ensuite continuer et finir par assurer aux citoyens cette même fortune. C'est encore ce que je fais, en liant le gouvernement et l'état entier au succès de chacun de ses sujets. Ainsi le gouvernement ne manquera plus de crédit, et n'en pourra cependant point abuser ; car se refuserait-on, d'une part, à soi-même du crédit, quand soi-même l'on en fait les frais ? Abuserait-on, d'autre part, du crédit, quand on ne peut cacher cet abus ? Ah ! la confiance naît des preuves et des effets d'une bonne administration.

Quant aux mandats, ou autres papiers-monnaie, servans à aider la circulation, quelle qu'en soit la somme, elle ne fera que doubler efficacement le numéraire circulant ; et il le faut bien ainsi, puisque celui-ci est diminué effectivement des trois quarts, ainsi que toutes nos autres ressources mobiles, et que la justice nationale veut pourtant qu'on rende aux propriétaires et rentiers, leur portion de quotité légitime dans la circulation ; portion que le système mal gouverné des assignats et mandats, pendant la révolution, leur avait ravie jusqu'ici. C'est ce que je fais en proposant qu'il leur soit payé, en conséquence de la réduction réelle aux trois quarts, et du rétablissement créditaire des moyens généraux, à moitié de leur valeur ancienne , une juste moitié de ce qu'ils recevaient avant la révolution ; mais en numéraire ou mandats au cours , d'après le ré- glement général à ce sujet , sauf toutes autres résiliations respectives , qui n'entraîneront point d'inconvéniens.

Quant aux cédules enfin elles feront dans la circulation l'effet et le remplacement avan- tageux des anciens contrats de rente , &c. qui par la révolution , en ont disparu, ou bien ont été remboursés ; elles seront donc le centre commun où tous ceux qui voudront , sans aucuns soins , faire valoir leur argent , le pour- ront toujours avec sureté.

18. Le crédit d'un gouvernement est le plus sou- vent l'effet de la bonté et stabilité de la consti- tution de l'état ; ce crédit tient encore à la con- corde des membres du gouvernement entr'eux ; à l'indépendance d'une nation à l'égard de ses voisins ; à la considération dont elle jouit dans les états étrangers ; à l'ordre , à l'exactitude et à l'économie de l'administration ; mais plus en- core à l'efficacité , à la justice , à la grandeur et à la facilité des ressources que le gouverne- ment sait se préparer en finances , avant qu'il ne soit forcé d'y avoir recours.

19. Il est indispensable, pour l'ordre des choses

et pour celui de la prospérité de l'état et des citoyens , que les revenus du gouvernement croissent ou décroissent , à mesure que ceux des citoyens croîtront ou décroîtront. C'est ainsi que s'établit l'harmonie entre la tête et les membres du corps entier de l'état, qui manqueraient de nerf ou d'élasticité, sans cette ensemble dans la bonne ou mauvaise fortune. Or c'est absolument ce que j'établis, par l'introduction de ma principale règle d'impositions, règle aussi juste et honorable dans son principe , que profitable dans ses effets et assurée dans son exécution.

Enfin , c'est à la raison d'état , éclairée par l'humanité et l'équité , à régler la portion de l'impôt, dont le gouvernement a besoin , pour procurer partout la sureté, lordre et la liberté; et c'est en proportion de ces dépenses, reconnues nécessaires , qu'il doit régler ses revenus , d'après le fonds qu'il possède ou dirige en biens nationaux , ou d'après les gains et facultés des citoyens. Un peuple zélé , gouverné d'après de tels principes , respectera et chérira toujours ses chefs, ou leur gouvernement, et n'en murmurera jamais.

20 .L'état le plus florissant n'est pas toujours celui où les citoyens paient le moins d'impôts, mais bien celui où ils les paient le plus facilement

et sans contrainte ; en raison des moyens de reproduction dont sait user à propos le gouvernement, pour les leur rendre moins sensibles. Ainsi l'arithmétique politique, qui règle tout avec cet avantage respectif entre l'état et les citoyens , est bien supérieure à l'arithmétique combinative, qui se borne à calculer l'intérêt du tems présent , sans y réunir celui des tems futurs.

21. Le thermomètre, d'après lequel on peut reconnaître si une nation est chargée au-delà de ses forces et facultés , c'est d'observer si les besoins de l'état s'élèvent plus haut que le montant du travail journalier ; car ce travail est le premier, l'unique fonds incontestable de l'état ; il est indépendant de l'intérêt commun des citoyens privés , et affranchi des obligations reversibles de la société. Au reste, il est, pour la société, la source première de tous ses bénéfices , biens ou épargnes secondaires ; d'où il suit que dépenser sur ceux-ci, plus que le travail primitif ne produit, c'est dépenser plus qu'on n'a gagné en réalité. Ainsi il résulte de ce principe deux conséquences ; la première , qu'imposer sur le travailleur primitif, ce serait imposer sur soi-même , et diminuer ainsi les travaux en pure perte ; la deuxième , qu'imposer sur les bénéfices ou épargnes du travail

primitif, plus que le produit de ce même travail, ce serait manger sur son propre fonds et faire incliner la nation vers sa décadence, et les classes moyennes ainsi que le menu peuple vers la misère.

Par la même raison, il est démontré et prouvé qu'imposer sur l'objet même qui a été produit par le travail journalier, ce serait imposer sa propre chose ; et que ferait cette imposition, sinon d'augmenter le prix de la main d'œuvre, sans en retirer aucun fruit que la diminution des entreprises. Mais imposer sur le bénéfice, les épargnes ou les biens-fonds que produit aux citoyens ce premier travail journalier, c'est imposer avec raison sur ceux qui profitent, en seconde main, du travail de tous, ce qui est très équitable ; car ce sont ceux-ci seuls qui ont intérêt à la conservation et à l'accroissement de leur fortune mobile ou immobile ; et ce sont eux seuls par conséquent qui doivent payer pour cela.

Or, voilà en général comment, dans tout gouvernement bien organisé, l'intérêt de l'état ou celui de ses chefs, ne fait qu'un avec l'intérêt de la classe ouvrière, et comment ces mêmes chefs ne sauraient nuire à celle-ci, sans se nuire à eux-mêmes : et voilà aussi en particulier pourquoi ceux qui paient à l'état, ont le premier droit à la nomination de ses chefs,

proportionément à leur intérêt dans l'association ;
et que ceux au contraire qui ne lui paient rien,
n'y ont droit qu'après que la moitié des voix
est distribuée aux premiers. Alors tous les citoyens redevenus égaux, participent également
et doivent surtout participer tous aux nomina-
tions de la seconde moitié, du droit que leur
donne l'humanité et l'égalité, c'est-à-dire, la
justice individuelle à laquelle tous les citoyens
indistinctement ont un droit égal. C'est ainsi
que l'on prévient à-la-fois et sans bruit l'olygar-
chie et l'anarchie, également destructrices des
états les plus florissants ; c'est ainsi qu'on dirige
sans cesse la prospérité publique vers son amélioration, sans altérer les mœurs par la séduction ; et par suite qu'on soutient à perpétuité
la balance et la prospérité des finances, par
une noble émulation entre les citoyens, sans
jamais être réduit à dépasser les bornes de la
justice. Et qu'elle division pourrait naître ensuite parmi les membres du gouvernement, lorsque l'intérêt et la cause publics ne seraient plus
qu'uns avec les leurs, et l'intérêt ou la cause
de chaque particulier ?

22. Si le travail est le premier fonds de l'état ;
s'il est la base sur laquelle il doit se régler pour
asseoir le montant de ses impôts, il s'ensuit que
le grand art d'un gouvernement est de savoir

diriger tous les bras vers les travaux qui con-
viennent à leur capacité. Ainsi, il n'est point
de vieillards, point d'enfans, qui ne soient
propres à quelque usage ; et lorsqu'ils sont sur-
tout à la charge de l'état, combien celui-ci
ne doit-il pas promptement se hâter d'alléger
ainsi son fardeau ? ceci s'entend au reste, de ces
âges où l'homme est considéré dans la société
presque impotent.

Mais, si passant plus loin, l'on remarque
que des bras pleins de forces et de puissance
sont détournés des travaux actifs auxquels ils
étaient occupés, pour s'armer d'un fusil ou
d'une pique que des hommes plus faibles, mais
mieux exercés manœuvreraient avec plus d'exactitude et de fruit ; et si l'on voit d'autre part que
ceux qui sont nés ou élevés toute leur vie comme
pour être le bras de la police, sont réduits à
chercher tristement leur subsistance, à l'aide
de travaux auxquels ils ne sont pas accoutumés,
ne sent-on pas aussitôt combien l'état perd ainsi
de sa force et de sa puissance, faute de tirer
parti de chacun de ses membres selon ses dispositions naturelles ou acquises ?

C'est pour parer à ces dernières erreurs, que
je propose de rendre les citoyens à leurs travaux
respectifs, et d'augmenter considérablement la
gendarmerie, partie en vieux militaires valides, retirés de leurs corps respectifs, et partie

en soldats anciens tirés des bataillons de nos armées ; lesquels peuvent y être remplacés par un tas de fainéans de toute espèce qu'on trouve partout, et surtout par ces céladons qui préfèrent servir quelque jeune antiquaire, plutôt que leur patrie ; et de cette manière tous pourront devenir très-utiles, quand ils auront mangé le pain de munition, et subi les règles épuratrices de la discipline militaire.

Enfin revenant aux travaux, n'y aurait-il pas un moyen de faire travailler avec fruit tous nos vingt-cinq à trente millions d'habitans ? oui, par représentation. En effet, que chaque particulier aisé soit taxé selon sa famille et les bras qu'il retire au travail général, indépendamment de ses contributions, à faire pour l'état, pendant ses travaux urgents, tant de toises de travail à ses frais ; alors des mercénaires étrangers seront appelés, ou attirés par l'argent afin d'y suffire, et de même les ouvriers français sans ouvrage y seront employés. Ainsi l'on verra croître les travaux et augmenter promptement la population, qui fait la force et la prospérité des nations bien gouvernées, sans que l'état en soit plus chargé, et sans que les ouvriers fixés dans leurs ateliers les quittent, pour courir à un travail accidentel.

23. L'industrie est au commerce ce que le com-

merce est à l'agriculture : elle donne une valeur aux matières premières , en les appropriant à nos besoins ou à nos desirs , comme le commerce en donne à la propriété, en en transportant les produits partout où ils sont utiles ou trop chers dans leurs prix.

La consommation cherche toujours le bon marché ; le commerce cherche la consommation ; et l'industrie cherche le commerce : dès qu'on brise l'une des trois flèches qui font la force de ce faisceau , tous les intérêts de l'état et des citoyens tombent également au pillage , sans espoir de retour.

L'industrie surtout ne revient jamais sur ses pas , et le commerce ne se fixe jamais que dans les lieux où l'abondance règne, où la liberté produit cette abondance , et où nulle gêne et nul obstacle ne l'empêchent de croître et de s'étendre. C'est ce qu'on a vu à Ostende , à la suite de la précédente guerre : le commerce s'y retirait pendant qu'elle durait, pour y trouver un asile assuré , d'après la protection acordée à son pavillon ; mais ayant trouvé tout le pays environnant plein d'entraves multipliées, le commerce n'a pu s'y fixer , et chaque branche retourna chez soi à la paix , pour y retrouver l'abondance et la liberté , et pour y être délivrée ainsi de tout ce qui la gênait à Ostende , durant la guerre qui l'a fait fleurir un moment.

24. Pour établir des loix en matière de finances, il est nécessaire de connaître :

1°. Les besoins du peuple que l'etat doit nourrir.

2°. Le montant des revenus dont l'état a besoin pour la dépense publique.

3°. En quoi consiste l'occupation indispensable des citoyens.

4°. Quelle est la partie la plus productive de cette occupation.

5°. Enfin quelle est la connexité de cette partie la plus productive, qui est le travail, avec le bénéfice que ce travail produit par l'agriculture, par le commerce et par l'industrie.

Il n'est pas besoin de dire, je pense, que l'ordre uniforme des écritures et impositions, comme je l'établis, a principalement pour objet la perfection dans l'exécution de ce principe.

25. Le travail comprend les produits de l'agriculture, du commerce et de l'industrie. Ces trois produits émanent des hommes et des ouvrages de leurs mains, de leurs transports, de leurs consommations et des besoins ou commodités nécessaires ou recherchées. Ces produits donc ne doivent pas être imposés, sinon l'état reprend sur lui-même. L'imposition ne

doit être assise que sur le bénéfice que ces produits primitifs occasionnent et répandent. C'est de la subversion générale de ce principe que naît la difformité et l'accroissement effrayant du montant des impôts ; ce qui sera bien sensible, si l'on remarque que dans leur masse générale, il y en a plus de la moitié que l'état prend sur lui-même et se paie à lui-même. C'est à quoi je pourvois par la répartition que je fais de l'impôt d'une manière plus égale et moins sensible ; et je ne doute pas en conséquence que ma méthode d'imposer mette le gouvernement à portée de faire la moitié plus avec une moitié de moins , si d'ailleurs il est sage et modéré , comme j'ai lieu de le prévoir et de le penser.

26. Les produits d'un pays ne proviennent pas seulement du travail de l'homme ; ils sont encore l'effet des dons de la nature, qui les doublent , triplent et quadruplent quelquefois selon les tems , les saisons ou les circonstances; ce qui arrive particulièrement dans les pays vignobles.

Or le rapport est le produit ; mais ce n'est qu'après que la dépense est prélevée , que la crue rapporte un bénéfice duquel tous les hommes vivent. C'est donc sur le bénéfice seul que l'état doit prélever sa portion ; et il serait beau sans doute douté et avantageux à tous, que l'état indemnisât, en même proportion de sa perte, le cultivateur zélé, qui par un revers de saisons et après avoir beaucoup semé, auroit perdu au lieu de gagner ; car la ruine ou la perte de celui qui fait son devoir sera toujours intéressante aux cœurs sensibles ; et si le don de la nature, y compris le bénéfice de la culture fournissent fidélement à l'imposition, celle-ci doit refournir en proportion au citoyen malheureux, qui voit accidentellement ses espérances renversées, par suite d'un ravage que la prudence humaine ne pouvait prévoir. C'est aussi la règle la plus simple et la plus facile à exécuter, si le gouvernement a lui-même toute l'exactitude qu'il exigera de ses sujets et subordonnés. Bref, il est de nécessité morale et politique de n'imposer jamais autrement ; car toute autre imposition serait désordonnée, et toute imposition désordonnée ruine l'état et ses citoyens à la fois, en même tems qu'elle donne lieu aux injustices et aux vexations.

27. L'imposition doit encore être soumise à ces trois conditions nécessaires. La première, qu'elle soit établie à la véritable source des revenus de l'état, qui est la part dans les revenus nets et bénéfices annuels des citoyens ; et non à celle de son propre bien fonds, qui est le travail ; la deu-

X

xième , qu'elle soit établie dans une proportion
reconnue universellement équitable et convenable , entre les revenus nécessaires à l'état , et les
revenus nets ou bénéfices des citoyens ; la troisième , qu'elle ne soit pas surchargée de frais de
perception.

28. La terre est la source de toutes les richesses
d'une nation agricole ; mais ces richesses ne
s'obtiennent point sans l'agriculture ; mais ces
richesses n'ont de valeur qu'à raison de l'industrie des villes , des arts et des manufactures ,
contre lesquelles elles s'échangent sans cesse ;
mais ces premières richesses et ces secondes richesses ne deviennent elles-mêmes de grandes
richesses , qu'autant que le commerce en faci-
lite et procure les échanges et débouchés. Ce
sont ces réflexions qui ont fait dire à M. Lock ,
dans ses *considérations sur les effets du commerce* , que « c'est une vérité indubitable que le
» possesseur des terres est plus intéressé à l'état
» du commerce , et qu'il doit se donner plus de
» soin pour que le commerce soit bien conduit ,
» que le négociant lui-même ; parce que lorsque
» la décadence du commerce aura emporté hors
» de la nation une partie de l'argent des pro-
» priétaires des terres ; et que l'autre partie se
» trouvera entre les mains des commerçans ,
» tous les biais que les premiers pourront pren-

» dre, ou tous les petits artifices qu'ils pourront
» mettre en usage pour faire entr'eux des
» échanges de leurs propres biens, ne leur fe-
» ront pas revenir leur argent ; mais qu'au con-
» traire leurs biens tomberont, et leurs revenus
» diminueront de plus en plus, jusqu'à ce
» qu'une industrie et une frugalité générales, -
» joiñtes à un commerce bien réglé, appuyé,
» protégé et non gêné, redonnent peu à peu à
» la nation les richesses qu'elle aura eu aupa-
» ravant. »

29. La propagation et la nourriture du bétail sont
le fonds de l'agriculture, comme celle-ci est le
fonds du commerce. Ainsi jamais l'introduction
du bétail ne doit être prohibée ; mais elle doit
être subordonnée aux règles de l'intérêt public,
et soumise, du reste, comme à l'égard du bétail
du pays, à l'imposition, sur le bénéfice qu'elle
peut produire. C'est, sur-tout, pour fixer et
encourager cette propagation dans le lieu, et
l'essor principal qui lui convient, que je m'em-
presse de répartir l'argent dans les campagnes ;
et je le fais encore ainsi, parce que l'argent est
la source de la population, et que les campagnes sont le sol qui lui convient le plus particulièrement.

Les mesures générales du commerce sont la
quantité de métaux d'or et d'argent. On peut

X 2

les suppléer, en partie, dans l'intérieur d'un pays, par des papiers-monnaie bien établis et garantis ; comme ils se suppléent d'eux-mêmes le plus souvent, par les papiers commerciaux, les contrats de rente et le crédit : mais à l'égard de l'étranger, il en faut toujours revenir à l'effectif, ou à la marchandise qui le remplace. Ainsi les nations qui n'ont point de mines d'or et d'argent n'ont d'autres moyens de se procurer de ces métaux, que par l'agriculture, l'industrie, les arts et les manufactures, dont le commerce étend les débouchés dans l'étranger.

La valeur des terres, le prix des denrées et marchandises, et la population croîtront ou décroîtront, à mesure et en proportion qu'une nation se sera procuré plus ou moins de métaux d'or et d'argent : par exemple, cette valeur avait cru considérablement, en France, dans le tems de son riche commerce avec les colonies ; elle a décru depuis sa chûte, mais elle pourra recroître aujourd'hui, si chacun reprend sa place, et chaque chose sa valeur intrinsèque, comme il le faut espérer.

D'où suit que si les importations, en France, des métaux ci-dessus excèdent en général les exportations de France au dehors, alors les étrangers paient la balance, et la nation s'enrichit ; ce qui était arrivé dans le tems que notre commerce des colonies était en pleine activité : mais si, au contraire, les exportations excèdent les importations, alors la nation elle-même paie la balance en espèces, et elle devient pauvre ; ce qui nous est arrivé depuis que notre commerce des colonies est tombé.

Or, aucune nation n'est plus à la portée d'obtenir ou reprendre bientôt l'avantage dans la balance du commerce que la nation française, également fertile par son sol et par son commerce ou industrie, et encore par sa situation. Elle n'a besoin, pour cela, que de se signaler par son économie et son travail intérieurs, comme nos frères d'armes se signalent par leur courage et leurs vertus guerrières, que d'une bonne administration enfin de son commerce et de ses finances.

D'après ce principe, l'on me demandera peut-être pourquoi, au lieu de faire passer l'argent vers l'agriculture, l'industrie et les manufactures, je ne le porte pas de suite vers le commerce ? C'est 1°. que le commerce doit naître principalement et naturellement de la prospérité de ces trois branches ; 2°. que nous avons la guerre, et que nous ne devons rien tirer de l'étranger que pour utilité première ; comme aussi que nous n'avons rien de trop pour nous en ce moment ; 3°. que je desire voir nos commerçans profiter de l'intervalle indispensable pour réapprendre le commerce, ses loix et l'usage qu'ils doivent faire de l'argent ; pour réassurer le public à l'égard de la confiance qu'il peut avoir en eux, avant de leur confier sa bourse. C'est donc à eux à se préparer au plus grand ordre, père de la confiance ; et à gagner peu à peu dans l'intérieur, à force de soins et de peines, les premiers dix mille francs : après cela, l'on pourra, à juste titre, leur confier l'argent qu'on aura de trop, et ils pourront, en même tems activer leur commerce intérieur, et ouvrir, à l'avantage commun, le commerce extérieur qui, il le faut espérer, sera alors dégagé des entraves de la guerre, ou protégé efficacement par la force nationale.

En attendant, je leur fournis amplement de quoi parvenir à gagner assez tôt leurs premiers dix mille francs, à la faveur de la caisse d'échange des mandats et autres réglemens, tous plus favorables les uns que les autres au commerce. C'est ainsi qu'en commençant par où l'on doit commencer, et en consultant les circonstances et l'intérêt national, l'on parvient à fonder une longue prospérité, par une réserve et modération qui sont la source de toute prospérité durable : au reste, mon zèle pour les commerçans ne peut leur être suspect, puisque l'accroissement des finances tient à la prospérité et solidité du commerce.

3o. Toute valeur forcée donnée au numéraire, ou au signe qui le représente dans l'opinion, est une faillite partielle ; disons mieux , une escobarderie de l'autorité , pour s'acquitter à meilleur marché. Elle ramène, il est vrai , de l'étranger, l'or et l'argent monoyé ou leur représentatif; mais c'est à un intérêt pareil à la hausse des pièces ou de l'objet qui les représente : or , cet interêt, qui se paie de la main à la main , est une remise que fait, en pure perte , à l'étranger la nation , à qui l'étranger doit , et qui supporte cette opération , sans que ceux qui doivent à l'étranger puissent user de réprésaille , s'ils veulent y conserver leur crédit.

C'est particulièrement pour imprimer au gouvernement hollandais une tache ineffaçable , à l'occasion d'une semblable opération à laquelle il eut recours ; c'est en même tems pour garantir le crédit et les fortunes réciproques , que le commerce hollandais s'engage et engage par lettres de change au cours, poids et titre du jour où ils le font ; exemple utile pour les gouvernemens infidèles ! En effet, quand ils manquent par ignorance ou inconduite , ils ne déshonorent qu'eux ; mais quand ils entraînent la nation dans leurs opprobre et discrédit, ils méritent leur renversement ; car rien n'est plus capital que le manque de foi autorisé par les loix.

De même toute refonte inutile et toute diminution de poids ou altération de titre, même avec ample dédommagement de la part du gouvernement qui la fait, n'en ébranle pas moins la confiance dans sa monnaie : c'est donc payer bien cher pour se faire bien du mal.

C'est encore pour rendre hommage à ce principe, qui doit avoit avoir lieu, sur-tout à l'égard des pièces précieuses, que les hollandais, aussi en signe de leur fidélité, font les ducats, qui sont les pièces de voyage et qui servent de type au commerce étranger ; cette pièce, outre qu'elle s'use moins, étant d'or fin, porte avec elle la preuve de son titre, en ce qu'elle est mince et malléable au doigt : voilà, en effet, comme l'on conserve et travaille à son crédit ; et quel autre peuple que les hollandais en connut jamais mieux les sources et les avantages ? Pour nous, nous ne manquons pas de faire, à l'égard de l'or ou du doré, les frais de l'affinage ; mais c'est pour envoyer notre or fin à l'étranger, ou le convertir, en pure perte, en bijoux dont le titre est aussi assuré que l'ordre qui règne dans ce commerce.

31. Les principes généraux de l'art et de la science de la haute finance se réduisent, dans tous les cas et dans tous les pays, à ces trois points : à la connaissance des sources de l'impôt, à sa perception et à sa distribution. A ces trois par-

ties appartiennent l'ordre , l'économie et l'exactitude.

32. Comme tout gouvernement doit avoir pour objet la gloire de la nation , la puissance de l'état et la félicité des citoyens , la saine politique exige encore de porter dans la direction du gouvernement , aussi bien que dans celle des finances, des principes , des vues, des combinaisons, du courage et de la fermeté.

De plus , il faut encore ajouter, dans un pays fertile et agricole , la profession de ces trois principes particuliers, savoir ;

1°. Qu'il est de la dernière importance de favoriser particulièrement le commerce , l'industrie et l'agriculture , sources uniques de la richesse des citoyens , et par réaction de l'état. A cet égard , comme l'agriculture ne manquera point en France de défenseurs , je me rendrai seulement ici le défenseur du commerce et de l'industrie.

Ordinairement les administrations des finances traitent ces deux branches, non comme des enfans légitimes , mais comme les maratres traitent fréquemment les enfans d'un premier lit, qu'elles supposent riches , et devoir en conséquence payer tous les frais du ménage. L'on ne peut donc mieux s'y prendre pour empêcher que le commerce et l'industrie croissent jamais dans un pays gouverné par de tels principes.

Cependant, comment ne pas vexer le commerce, et néanmoins empêcher la fraude, qui en est le plus mortel poison ? En n'y donnant pas lieu. Ainsi, en exigeant, à l'arrivée et décharge de chaque navire, non-seulement la consignation, mais même le paiement entier du droit d'entrée sur chaque marchandise qui en est susceptible ; en en faisant de même à la sortie par mer, avant le chargement du navire ; et en usant des mêmes précautions, à l'égard des marchandises entrantes ou sortantes par terre, le propriétaire fera passer le montant de ce droit à son commissionnaire, et spéculera en conséquence.

Mais pour établir cette règle, avec fruit et méthode, il faut construire partout où besoin sera, un entrepôt d'entrée et sortie, et un autre entrepôt de vérification et recensement. Dans le premier, la marchandise entrera et paiera avant d'en sortir ; dans le second, la marchandise y sera transportée et recensée, avant de pouvoir être remise au marchand, ou expédiée par lui.

De ces précautions, il résultera divers surveillans nécessaires, à l'entrée ou à la sortie des marchandises ; dont les uns seront les commis de la nation, et les autres seront les porteurs de connaissement, ou les voituriers porteurs de lettres de voitures , ou les bateliers , munis d'un manifeste , ou les intéressés accompagnant la marchandise.

Ainsi , l'ordre et l'exactitude , dans le commerce , seront l'effet sensible des paiemens préalables de tout droit , et préviendront la fraude qui n'est autre chose que l'effet du désordre et de l'inexactitude des préposés. Ainsi la marchandise sera nécessairement soignée , et le commerce pourra , à l'aide d'un corps d'ouvriers pour cela , faire vérifier et réparer à mesure , ses futailles ou ballots. De même encore , à la faveur des corps de chartiers , brouetteurs et porteurs qui s'établiront , les commerçans pourront effectuer sur-le-champ , les passages et chargemens , réceptions ou déchargemens , sans autre peine que de s'y inscrire et d'ailleurs avec liberté , économie et régularité. Enfin , s'il se trouvait quelqu'erreur , avarie ou dommage , ils se constateront à leur propre source , ce qui préviendra de fâcheux procès.

Au reste , il faut aussi des gardes-côtes surs , payés assez raisonnablement pour subsister , sans se rendre eux-mêmes coupables de négligences volontaires envers les uns , ou de faux envers les autres. Ils doivent former entr'eux un corps d'honneur solidairement responsable de la conduite de chacun de ses membres ; c'est-à-dire, de sa probité, de son exactitude, en cas de négligence volontaire ou d'inattention démontrée. De même, il faut aussi aux frontières, un nombre suffisant de commis, réglé et payé, d'après les mêmes principes.

Mais il faut sur-tout que les uns et les autres soient tellement séparés des négocians et autres intéressés, que toutes tentatives de séduction soient, si non impossibles, au moins inutiles. C'est particulièrement à cette avant-garde des frontières de terre et de mer, qu'il faut couper toute communication avec l'étranger, et insinuer un esprit de moralité qui l'honore et la distingue des êtres qu'elle aura remplacés ; et malgré même ces précautions morales, il en doit être pris d'autres, pour changer fréquemment les postes, et les soumettre à des inspecteurs probes et vigilans.

Quant à l'ordre des inscriptions, qui fixera toutes les opérations, il est le même que celui d'un marchand qui l'observe tacitement, dans sa boutique achalandée. Si donc l'on craint, dans certains cas, des lenteurs, qu'on invente et qu'on use de ces grues, qui font la richesse de nos ports de mer, ou autres lieux qui les emploient. Pour moi, je crois qu'on peut répondre de l'activité et de l'exactitude des employés ; car la nation les renverrait, s'ils n'en étaient point capables, et s'ils y manquaient.

Voilà , comme je crois , qu'on peut partout percevoir les droits, sans vexer le commerce ; car lui faire payer la somme sur laquelle il a dû compter , ce n'est point le vexer , c'est user à son égard, de justice. De plus, avec un ordre semblable , les commis ne deviennent plus des fléaux de l'état ; ils sont au contraire , les conservateurs de ses intérêts bien entendus.

Ainsi , malgré mon penchant pour la liberté du commerce , je ne puis me dispenser , en remontant à la source de l'introduction des commis du fisc dans le sein des nations , de reconnaître la nécessité d'effectuer ainsi la réforme. En effet , qu'une irruption subite de soldats étrangers , de fraudeurs , ou même de soldats de l'intérieur , force la garde fiscale des frontières ; voilà les intérêts de la nation compromis. C'est particulièrement contre ces évènemens , qu'il faut que des commis se divisent en divers postes et bureaux de passage , vérificateurs au besoin ; enfin , en fortifications mobiles , prêtes à s'appuyer réciproquement, et à arrêter ainsi subitement les progrès de l'invasion , si elle avait lieu. Ah ! sans doute, cette réflexion est bien propre à favoriser les systêmes de ceux qui veulent l'abolition des douanes , parce qu'ils l'ont vu effectuer avec fruit, à l'égard des peuples qui n'ayant rien et commençant sans rien , n'avaient rien à perdre.

Mais quoi ! faut-il pour un léger obstacle intérieur, abolir aussi l'usage des traités de commerce avec l'étranger ? Si c'est précisément l'ordre qui procure aux manufactures le mouvement et la célérité, c'est l'ordre aussi qui procure au commerce l'extension et l'activité. D'ailleurs, l'on ne peut bien suivre l'une et l'autre de ces branches, sans savoir au moins ce qui s'y passe : voilà ce que j'oppose aux excessifs qui veulent, ou enchaîner tout-à-fait le commerce, ou le livrer à l'anarchie, qui finirait par le détruire.

Enfin, il faut répondre aussi, à l'avance, aux reproches qu'on me fera, de ce que je parle de corps de métier dans cet article. Or, si la moralité de la société est formée de celle des familles, l'intérêt de la société est formé, en revanche, de l'intérêt et de la prospérité de tous les corps qui participent à la même profession. Il est donc essentiel aujourd'hui, d'établir ces corps, non pour le fisc, mais pour eux-mêmes, en y prévenant aussi l'oligarchie et l'anarchie ; et la perfection de l'industrie, tient principalement à l'exécution bien entendue de ce principe. Au reste, dans les votes, ou devant la loi, les corps cessent d'être corps ; ils ne le sont que devant l'intérêt général, pour l'avantage de la société entière. Voilà donc encore ma réponse à cette objection.

2°. Qu'il faut proportionner les revenus de la finance suprême, dans une proportion équitable entre les revenus nets de la propriété et des épargnes, d'une part ; et les bénéfices que produisent l'agriculture, le commerce et l'industrie, de l'autre ; afin que ces trois branches fournissent également avec les deux autres, mais surtout proportionnément à leur propre rapport, sans jamais les gêner ou vexer les unes par les autres. En effet, l'avantage que l'une de ces trois parties aura sur les deux autres, sera toujours en diminution des revenus des citoyens, qui seront compromis dans la partie surchargée ; ce qui altérerait les revenus de l'état, sans qu'il puisse plus tard s'en récupérer aussi utilement sur les parties moins chargées.

C'est à quoi je pourvois, par l'institution de l'ordre commercial, à l'égard de la tenue des livres exigibles de tous les contribuables, et par celle des inspecteurs, chargés d'éclairer la répartition de l'impôt, d'après les bénéfices. Or, ce moyen est d'autant plus sur, que si quelqu'artifice échappait à l'administration, à l'égard d'une des branches contribuantes, il n'échapperait pas aux autres branches intéressées à en dénoncer l'abus, afin d'être déchargée de tout ce que la branche artificieuse paierait de plus.

3°. Enfin qu'il est utile de tenir l'intérêt de l'argent aussi bas que le permet le nombre combiné des prêteurs et des emprunteurs , dans le cours de la circulation. Or , ceci ne peut s'opérer que par des moyens légitimes , tels que la publicité et la liberté à l'égard de la vente et achat de l'argent ; en la dirigeant d'ailleurs publiquement , de manière à ce que chacun puisse , sur gages convenus et aliénés au bout du tems expiré , s'en procurer dans ses besoins , au cours , selon qu'il serait crié hautement au marché. C'est ainsi qu'on se préservera, dans les commencemens surtout, contre l'usure et contre les abus du crédit.

Or , il arrivera de-là , que le rentier , avec moins de rentes ; le propriétaire , avec moins de revenus ; le commerçant , avec moins de fonds , pourront au moins se procurer de l'argent dans leurs besoins pressans. Et quel inconvénient à le faire ainsi , lorsqu'il dépend d'un gouvernement sage , d'influer favorablement sur l'intérêt de l'argent , seulement en modérant les secousses qui pourraient résulter de ses accaparemens momentanés ? Ainsi , ce genre de vente publique ferait base , sans pour cela empêcher ou nuire à toute autre opération particulière et au crédit. C'est en même tems un moyen de mettre tout dans le commerce , et d'y suppléer le numéraire et le manque de crédit , partout où cela est nécessaire ; sans avoir recours à des opérations forcées qui ,

de

de la part des particuliers, comme de la part du gouvernement, sont le fléau de la société.

Au reste, c'est sur-tout dans cette partie que le gouvernement doit se garder de faire sérieusement aucune opération majeure, pour ses besoins réels ; car, c'est dans la généralité des habitans, qu'il faut qu'un gouvernement trouve ses ressources légalement ; comme il faut aussi qu'il ne leur prenne jamais rien, sans leur rendre davantage par les moyens de reproduction, qu'il doit savoir mettre en usage pour cela.

Que si l'on me dit : Le gouvernement a pris son plis ; il est habitué à troubler lui-même le cours légitime de l'argent, pour suffire à ses besoins, et il le fera encore ; je réponds : Son excuse a été jusqu'ici dans la nécessité ; mais la nécessité cesse, et l'ordre se rétablit. Que si l'on regrettait, au surplus, l'argent passé ainsi à l'étranger, pour le paiement de nos armées, l'on observe, au moins, qu'il ne s'est guères étendu plus loin que les pays que la république a dessein de conserver pour ses limites ; qu'ainsi ce n'est pas semer pour se détruire, mais bien pour recueillir et assurer, pendant les siècles futurs, les jouissances de la nation et sa tranquillité.

Mais si l'on m'objecte aussi que les premiers accaparemens, pour les manufacturiers et gros fermiers des campagnes, ayant grand nombre d'ouvriers à payer en numéraire ; que le paiement des propriétaires et rentiers en espèces , suivant mon plan , épuiseront la circulation de l'argent, je répondrai : Ils ne l'épuiseront qu'en apparence , et dans la partie où elle peut languir, pour la porter dans celle où elle a besoin d'être ranimée , vers le peuple enfin des villes et campagnes , d'où il ne s'éloigne ordinairement que trop.

Au reste, si le manufacturier, pour se dédommager , fait payer en argent ses objets manufacturés ; si le fermier en fait de même , ou en mandats équivalens ; si le propriétaire et le rentier payent de même par-tout ; si le gouvernement reçoit et paye de la même manière, ou en mandats au cours , ainsi qu'il est expliqué dans mon plan ; alors , outre que les mandats seront forcés à reprendre leur valeur intrinsèque, proportionnément à la somme réelle de leur émission, l'intérêt de l'argent subira une secousse moins longue , et se règlera à sa valeur intrinsèque, en proportion que les soutiremens en seront peu-à-peu moins sensibles, et qu'ils seront remplacés promptement par l'activité de toutes les monnaies, consacrées, sur-le-champ , à la conversion fidèle des lingots d'or et d'argent, en espèces courantes, alliées ou pures , selon l'avantage de la nation , et d'après les principes du crédit public, bien soutenu.

Enfin, ce sont là les seuls moyens que je connaisse, pour parvenir, après quelques légères secousses, à un taux modéré de l'intérêt de l'argent, et à le concentrer dans le pays, pendant notre misère, plutôt que de le porter à l'étranger, pour des futilités. Sans ces précautions, l'état sera réduit à payer toujours lui-même l'argent trop cher ; le riche accumulera ses richesses sans en tirer aucun fruit, et le pauvre gémira forcément dans sa pauvreté.

34. Loin de nous cette idée absurde, que le peuple, pour être industrieux, ne doit pas être à son aise. L'industrie ne vient-elle pas de l'amour des richesses? En quel endroit le menu peuple était-il plus riche qu'en Hollande ? en quel endroit était-il aussi plus industrieux ?

L'extrême pauvreté produit le découragement, la détérioration du travail, ou l'avilissement de la nature humaine : ce n'était pas la liberté seule qu'il fallait porter aux nègres de nos colonies ; c'étaient des talens et de l'argent pour les faire valoir. Faute d'argent, ils n'eurent point de courage ; faute d'argent, ils méprisèrent la liberté et reprirent d'eux-mêmes leurs fers pour vivre ; faute de courage, l'on est encore réduit à tirer parti de leurs forces à coups de fouet. Est-ce ainsi que les auteurs de la maxime ci-dessus, prétendaient conduire le peuple français ? Du moins, cela se rapproche-t-il beaucoup des prin-

cipes allemands, d'après lesquels on nous gou-
vernait; et il paraît, qu'à cet égard, les ministres
français avaient déjà fait beaucoup de progrès.
Qu'on en juge par le langage du ministre
Foulon. « Il eût fait manger, disait-il, du foin
« au peuple ». Aussi en mangea-t-il lui-même,
et fit-il éclater la révolution, par suite de ce propos indiscret.

Au reste, il est en ceci, comme en tout, de
justes mesures à garder, et les voici : Le peuple
étant la cheville ouvrière de l'état, cette cheville
doit être proportionnée au corps, à la masse de
l'état même auquel elle s'applique ; d'où il suit
que si l'état est riche, le peuple doit bien gagner et vivre à son aise ; que si l'état est pauvre,
le peuple doit peu gagner et vivre de peu. Sans
cela, le ressort qui soutient l'état, se relâche ou
se resserre à l'excès, et l'état tombe en ruine.

C'est d'après ce principe, c'est aussi d'après
la diminution sensible de nos richesses effectives, que je propose dans mon plan à chacun,
et notamment à l'ouvrier, de gagner moitié
moins et de travailler moitié plus, ou du moins
chacun en proportion de ce qu'il veut vivre plus
à l'aise ; car il ne nous reste plus à tous, en
effet, que ce seul moyen de soutenir la république, et de préserver les uns de la faulx ho-
micide, les autres de l'envahissement de leurs
propriétés, bien ou mal acquises; enfin le menu

peuple du sort , sans cela inévitable , des nègres de nos colonies.

Or , c'est ici le cas de s'écrier : Français , acceptez - vous de sauver la patrie ? Si vous l'acceptez , rapportez-vous-en cette fois , au gouvernement qui agira pour cela , d'après les principes consacrés dans tous les tems , et par des moyens justes et doux envers tous. Alors , chacun gagnera peu d'abord , mais assez pour subsister dans son état ; de même le gouvernement tirera peu aussi , mais assez pour se soutenir vigoureusement ; et quand tout sera rétabli et mis en bon train , chacun verra croître ses facultés pécuniaires et pourra se donner plus d'aisance.

Mais pour que cela arrive ainsi , il faut d'abord sapper tout ce qui tendrait à renverser l'égalité et l'harmonie , entre les diversss classes de la société ; il faut bien se garder surtout de retomber inconsidérément dans la faute de faire aux ouvriers de Paris , des distributions d'après lesquelles , en leur faisant perdre jadis , à la queue , un tems précieux , on les traitait comme des fainéans , eux qui ont de bons bras et du courage pour gagner du pain et de l'argent.

Que s'ils me disent aujourd'hui , par exemple : comment nous soutiendrons-nous, nous et nos familles , si nous gagnons moitié moins qu'autrefois , et si l'on ne nous fait pas du moins comme par le passé, la distribution du pain, aujourd'hui que tout est plus cher qu'avant la révolution ? Je leur réponds : qu'est-ce qui est plus cher ? les poulets, les dindons ? et c'est vous-mêmes qui y avez mis la dissette et le rencher ! En mangiez-vous autrefois, vous à qui le scélérat Foulon voulait faire manger du foin, et qui, depuis la révolution, avez tout-à-coup voulu singer les riches, pour le manger, jusques dans la recherche des meilleurs morceaux ? Pourquoi vous êtes-vous écartés de la simplicité et pureté de vos mœurs anciennes et de votre conduite ? L'amour de la liberté, ne vous faisait-il pas un devoir de vous en montrer dignes, par votre tempérance et frugalité ? Suivez, suivez votre obstination, à manger des poulets et des dindons ; vous verrez, ou nous verrons, après cela, qui vous mangera.

Mais surtout, savez-vous qui vous prive de partie de votre ouvrage, qui mange votre pain ? Autrefois, c'étaient cent mille étrangers, que l'abus des distributions attirait dans Paris ; aujourd'hui, ce sont cinquante mille poltrons de jeunes ouvriers, qui arrivent par bande, à Paris, de toutes les contrées de la république, pour se soustraire à la requisition, mais que la police, si vous l'aidez, va faire marcher vers nos armées.

Eh ! pourquoi prétendre épargner trois sols

pour du pain, quand vous pouvez en gagner six de plus, en évitant le tems perdu et en travaillant bien ; quand vous aurez la facilité de faire gagner quatre ou cinq sols à vos enfans, en les occupant d'une manière proportionnée à leur âge ? Sera-t-il vrai que, pour satisfaire à tous vos goûts, il faudra encore tirer bien des choses de l'étranger, ou forcer la terre en France et la détruire ? Ne voulez-vous donc vivre que quelques jours ; et voulez-vous finir par mettre à vos enfans, la corde au cou ?

Au reste, chers compagnons, ce reproche ne tombe pas seulement sur vous ; il tombe particulièrement sur ces agioteurs dévorans, qui dépensent l'argent comme ils le gagnent, et qui s'y sont jusqu'ici, si bien pris, que les honnêtes gens ne peuvent plus vivre.

Mais il est un remède à tout cela ; c'est d'être chacun plus économe, et de travailler davantage, tous autant que nous sommes. Or, pour forcer les agioteurs à l'économie, je propose de les taxer à 60 millions, en numéraire ; pour vous porter vous-mêmes à vivre de très-peu, je propose de réduire vos journées à moitié prix d'autrefois, mais de subvenir régulièrement aux plus nécessiteux, comme au sort des rentiers.

De même, pour augmenter les produits du travail, j'engage les ouvriers à faire par semaine, quatre quarts de jours de plus chez leurs bourgeois ; et je propose en outre d'ouvrir des travaux publics, nécessaires, sous la direction et pour l'avantage de la république, mais à titre de corvées, à la charge des personnes aisées.

Alors les ouvriers, qui auront fait quatre quarts de jours de plus, sur cinq journées chez leurs bourgeois, pourront, avec un certificat de celui-ci, être reçus aux travaux, un jour par semaine, en remplacement des riches, qui les y emploieront et dont ils se feront payer, comme ils pourront. D'autre part, ceux-ci, pour payer moins, auront, comme je l'ai déjà dit, la faculté de faire venir des mercenaires étrangers ; car en France, le soleil luit pour tout le monde, ce qui fera aller les travaux d'un grand train, sans que les bons ouvriers français quittent leurs ateliers, qui leur vaudront bien mieux que des travaux passagers.

Or voilà, selon moi, comme chacun peut sauver la république et soi-même. De plus, il faut qu'on soit bien persuadé que si le peuple travaille pour tous, en revanche, le propriétaire lui rend la nourriture et le logement ; le manufacturier, l'habit ; le commerçant, l'abondance et les commodités de la vie ; le rentier, son superflu. De même, si le peuple nourrit les savans, ceux-ci le nourrissent de la morale de la philosophie, qui est le véritable pain de l'ame, autant que la règle de conduite et la

source du bonheur ; si encore le peuple entre-
tient des artistes, ceux-ci lui attirent, par leurs
talents , la considération de l'étranger. Voilà
donc aussi pourquoi nous sommes tous si intéressés à être et rester à jamais uuis.

35. Loin de nous encore , l'idée de chercher de
grandes ressources, dans les gens qui se disent
de la haute finance. Tous ces marchands de
finances ne sont , à l'égard d'un état , que ce
que sont, à l'égard de leur maître , ces domestiques nombreux , enrichis des dépouilles de sa
fortune , et qui surveillent l'instant, où , se
contentant du crédit qu'il a chez eux , il y a
recours , soi-disant , pour réparer et mettre
ordre à son désordre qui les engraisse. Ceux-
ci feignent bientôt d'être eux-mêmes dans le
besoin , mais c'est pour faire payer plus cher
à leur maître , un crédit que d'ailleurs ils ont
tant d'intérêt à lui accorder. Ainsi ces ressources
sont les mêmes que celles que l'état chercha
quelquefois dans le crédit de la caisse d'escompte , lorsque celle-ci minant chaque jour
les effets royaux, prennait impunément occasion de se les partager, à vil prix , à la faveur
du prétendu crédit qu'elle accordait au gouvernement, assez dupe pour remettre son sort
entre les mains de ses plus cruelles sangsues
Bref , manége de financier et manége de

revendeur , est le même ; l'un et l'autre fait métier d'accaparer l'argent ou la denrée , à mesure qu'ils paraissent au marché , pour les revendre avec usure ou à l'enchère , au malheureux qui ne peut s'en passer. Encore les revendeurs sont-ils utiles , pour économiser le tems aux vendeurs et acheteurs ; mais ne se passera-t-on pas facilement de financiers , en allant , comme je l'ai dit , à l'heure indiquée , vendre et acheter comme eux , mais publiquement , de l'argent à la bourse , soit sur gage , exposé et aliéné au bout du terme pris pour le remboursement , soit sur son propre crédit ?

Alors si les soi-disant financiers ne trouvent plus d'occasion de miner l'état ni les particuliers , ils se jetteront vers d'autres grandes entreprises , et deviendront ainsi des citoyens utiles à la patrie , au lieu d'en être les éternelles et impitoyables sangsues , aussi bien que les perturbateurs perpétuels des sources fécondes où l'argent doit couler pour être profitable.

Vainement donc l'on citerait que Louis XIV soutint , pendant sept années de guerre , la navette de ses recettes et paiemens , à la faveur du crédit des financiers ; car je répondrais à cette objection qu'elle ne fait que réaliser la vérité du principe que je professe aujourd'hui , en ce qu'il en est résulté le marasme et la confusion , malgré que ce prince traitât alors avec un corps plus

honorable et plus patriote que celui d'aujour-
d'hui. Je persiste donc à soutenir que de telles
ressources ne sont qu'un mal fardé sous l'apparence d'un bien, et qu'il vaut mieux mériter **un**
grand crédit, que d'y avoir recours sans nécessité.

Il se suit de ce principe, que s'il est vrai que
des négocians espagnols remplacent aujourd'hui,
près du gouvernement, les ex-financiers, leur secours passager ne peut qu'être payé très-cher,
et devenir enfin très nuisible à l'état.

36. Pour n'être plus exposés à avoir jamais recours à de pareils expédiens ; pour honorer à
perpétuité la nation française ; pour dégager son
agriculture, son commerce, ses manufactures
et son industrie des vexations et de la tyrannie
fiscale ; enfin pour faire de nos impôts le bonheur et la considération des français, il faut
prévoir et pourvoir, une fois pour toutes, à l'ordre des finances, du commerce et de toutes les
branches de la prospérité publique ; il faut
asseoir et assurer à jamais tous les besoins de
l'état, dans quelque crise qu'il puisse se trouver ;
il faut établir les contributions à leur véritable
source, de manière à ce qu'on ne puisse les
frauder ni par leur nature, ni par leur forme ;
il faut, sur-tout, donner à la France un vrai
crédit public inébranlable, celui que fonderont

désormais la probité, l'exactitude et la publicité commerciales, soit à l'égard des personnes, soit à l'égard des fortunes acquises, diminuées ou existantes de chacun des citoyens français sortis de la classe ouvrière ; enfin un grand crédit particulier qui sera le fondement du crédit de l'état.

C'est ce que je fais, à la faveur de mes commissaires-inspecteurs des livres de chaque contribuable ; et ce que je puis d'autant mieux établir, que je n'ai plus à combattre d'anciennes loix ou usages, ni des prérogatives, ni le crédit commercial, qu'on aurait pu croire autrefois prêt à s'ébranler par une semblable opération, et qui, aujourd'hui, au contraire, lui devra son aurore, et bientôt après une force inexprimable.

Enfin que de commis cette méthode d'opérer n'économisera-t-elle pas au gouvernement, tandis qu'elle ouvrira d'ailleurs, à ces commis, lorsqu'ils cesseront d'être employés, et à toute la jeunesse de France qui voudra s'instruire, des places dans le commerce bien plus utiles, bien plus propres à s'acheminer à quelque chose, bien moins sujettes à la faveur, et par conséquent, bien plus dignes de l'homme pensant et laborieux !

ERRATA.

Page xij, ligne 7, *préfaces*, lisez : *préface*.

Page xviij., ligne 19 de la Préface, substituez une (,) au (.).

Page xxij de la Préface, ligne 7, *l'amélioration*, lisez : *amélioration*.

Page 34, au bout de la lig. 15, mettre (,) en place de (;) et au milieu de la ligne 17, après le mot *isolement*, mettre (;) au lieu de (,).

Page 38, ligne 22, après le mot *parvenu*, mettre (.) au lieu de (;).

Page 41, ligne 20, où l'auteur fait dire, par erreur, au citoyen Héron : *Je n'entends rien à l'administration des finances d'une grande maison.* Le citoyen Héron, qui en a pris lecture depuis son impression, déclare formellement ici, n'avoir participé en rien à l'administration des finances du collége de Louis-le-Grand, et ajoute qu'elles furent si mal administrées, notamment depuis 1771 à 1777, tems que dura son exil, qu'il rougirait d'avoir coopéré au désordre qui s'y est manifesté alors, et aux résultats funestes qui en ont été la suite. Le citoyen Héron ne fut donc qu'économe, toujours économe et ordonné, et c'est moi qui lui ai fait une injure gratuite et involontaire, en le faisant coopérer aux opérations financières d'une maison dans laquelle, comme il est dit, il opéra dans sa partie avec la plus grande distinction ; ce qui est prouvé par l'honorable retraite qu'il a prise, et qui ne lui fut accordée, avec 1,800 livres de pension, dont 600 reversibles sur la tête de sa femme, que sous la condition qu'il continuerait ses soins, autant qu'il le pourrait, et en lui nommant pour successeur le commis qu'il s'était formé.

Page 42, dans la note, que le citoyen Héron a lue ; celui-ci réclame contre le sens que les ennemis qu'il s'honore de s'être faits durant son administration, pourraient y donner, à l'article qui dit : *Après avoir placé 60000 liv. sur l'état.* Il craint, avec raison, qu'on ne pense qu'il s'agit ici de 60000 liv., gagnés dans sa place, qu'il occupa pendant trente ans. Cette somme, et même quelque chose de plus, provient de 40000 liv. du bien de sa femme, de 8500 liv. qui lui ont été confiés, depuis 28 ans, par une demoiselle, à qui il est chargé d'en payer, encore aujourd'hui, la rente viagère à 10 pour 100, et le surplus des économies qu'il a faites sur les rentes qu'il tira de ces deux sommes placées sur l'état, ou sur les appointemens et gratifications attachés à sa place ; ce qui rend, comme l'on voit, sa condition bien honorable, si elle n'allège la misère effroyable à laquelle il est aujourd'hui en proie. L'auteur de cet ouvrage n'a pu refuser de relever ces deux erreurs, à la délicatesse alarmée d'un ami, à qui il ne reste dans la vie, que son honneur et le témoignage d'une conscience irréprochable, et qui est d'ailleurs accablé sous le poids de son grand âge et de ses infirmités.

Page 54, ligne 4, mettre après le mot confré-ries une (,).

Page 65, ligne 24, après les mots *par la na-tion*, mettre (à) et supprimer les deux (,).

Page 122, ligne première, mettre après le mot objet (:) aulieu d'une (,).

Page 122, ligne 29 *mnie* lisez *mine*.

Page 159, ligne 21, *et attendant*, lisez *en at-tendant*.

Page 172, ligne 25, *sensés*, lisez *censés*.

Page 179, ligne 10, après le mot *société*, sup-primer la (,).

Page 180, ligne 14, *mansal*, lisez *menséal*.

Page 182, ligne 11, *ou l'on portera*, lisez *où l'on portera*.

Page 183, ligne 8, après le mot moi-même, substituer (,) à (;).

Page 183, ligne 11, après le mot d'icelles, fermer la parenthèse.

Page 188, ligne 5, après le mot *marchandise*, mettre (;) aulieu de (,).

Fin du premier volume.